我一曲桑巴之舞
王国美名天下扬

巴西队

流年 编著

典藏版

直笔体育百科系列

北京时代华文书局

目 录

荣耀时刻　　　　　　　　　　1
巨星榜　　　　　　　　　　　11
篇首语　　　　　　　　　　　45

第一章　从巅峰开始，贝利时代（上）　　51
　　　　足球王国的种子　　　　52
　　　　"马拉卡纳惨案"　　　　54
　　　　一个英雄的舞台　　　　57

第二章　从巅峰开始，贝利时代（下）　　61
　　　　小鸟？来自哪个星球　　62
　　　　加冕仪式之前的挫折　　66
　　　　"球王"加冕与足球王国　70

第三章　后"球王"时代，挣扎前行　　75
　　　　当贝利告别之后　　　　76
　　　　"欧洲化"的巴西队　　　79
　　　　漂亮的桑巴足球　　　　83

第四章　第四次世界杯夺冠　　　89
　　　　光明前的暗夜前行　　　90
　　　　巴西队的新"救世主"　　93
　　　　不一样的王者之师　　　97

第五章	"外星人"领衔的梦时代（上）	103
	天才！天才！天才！	104
	"外星人"究竟怎么了	109
	世界足坛未解之谜	114
第六章	"外星人"领衔的梦时代（下）	117
	晋级之路满是荆棘	118
	五星巴西圆梦时刻	123
	这是一支无敌之师	129
第七章	漫长泥泞的复苏路	133
	华丽是虚无的外表	134
	家门口的最大耻辱	139
	痛定思痛也无作用	145
	辉煌荣耀何时归来	150

经典瞬间	157
星光璀璨	177
最佳阵容	198
历任主帅及战绩	199
历届大赛成绩	200
历史出场榜	202
历史进球榜	203

荣耀时刻

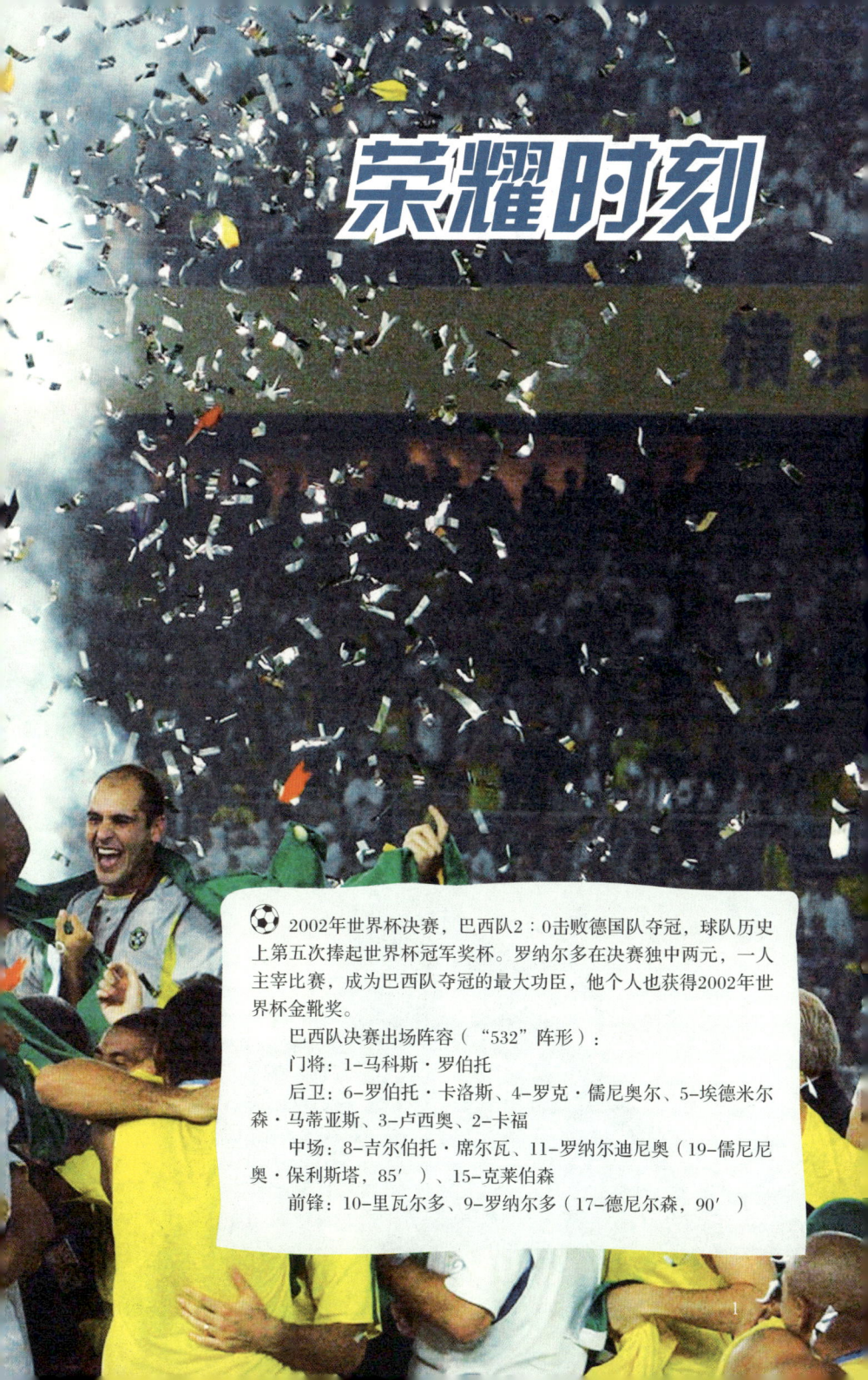

⚽ 2002年世界杯决赛,巴西队2:0击败德国队夺冠,球队历史上第五次捧起世界杯冠军奖杯。罗纳尔多在决赛独中两元,一人主宰比赛,成为巴西队夺冠的最大功臣,他个人也获得2002年世界杯金靴奖。

巴西队决赛出场阵容("532"阵形):

门将:1-马科斯·罗伯托

后卫:6-罗伯托·卡洛斯、4-罗克·儒尼奥尔、5-埃德米尔森·马蒂亚斯、3-卢西奥、2-卡福

中场:8-吉尔伯托·席尔瓦、11-罗纳尔迪尼奥(19-儒尼尼奥·保利斯塔,85′)、15-克莱伯森

前锋:10-里瓦尔多、9-罗纳尔多(17-德尼尔森,90′)

2

⚽ 1994年世界杯决赛，巴西队与意大利队相遇，双方在120分钟内互交白卷。残酷的点球大战到来，意大利队3次罚丢点球，巴西队第4次夺得世界杯冠军。

巴西队决赛出场阵容（"442"阵形）：

门将：1-塔法雷尔

后卫：6-伊布莱姆·布兰科、15-马西奥·桑托斯、13-阿尔代尔、2-若日尼奥（14-卡福，21'）

中场：9-津霍（21-维奥拉，106'）、8-邓加、5-毛罗·席尔瓦、17-马济尼奥

前锋：7-贝贝托、11-罗马里奥

4

⚽ 1970年世界杯决赛，巴西队4∶1战胜意大利队，贝利在第18分钟的进球，吹响了巴西队进攻的号角，巴西队也第三次夺得世界杯冠军。在这次夺冠之后，巴西队永久保留了雷米特杯。

巴西队决赛出场阵容（"442"阵形）：

门将：1-菲利克斯

后卫：16-埃瓦尔多、3-皮亚萨、2-赫库莱斯·布里托、4-卡洛斯·阿尔贝托

中场：11-罗伯托·里维利诺、8-热尔松、5-科洛多阿多、7-雅伊尔齐尼奥

前锋：10-贝利、9-爱德华多·托斯唐

6

⚽ 1962年世界杯决赛,巴西队3:1逆转战胜捷克斯洛伐克队,球队历史第二次捧起世界杯冠军奖杯,也实现了卫冕世界杯的壮举。

巴西队决赛出场阵容("442"阵形):

门将:1-吉尔马尔

后卫:6-尼尔顿·桑托斯、5-佐齐莫、3-毛罗·拉莫斯、2-德贾尔马·桑托斯

中场:21-马里奥·扎加洛、8-迪迪、4-齐托、7-加林查

前锋:20-塔瓦雷斯·阿马里尔多、19-瓦瓦

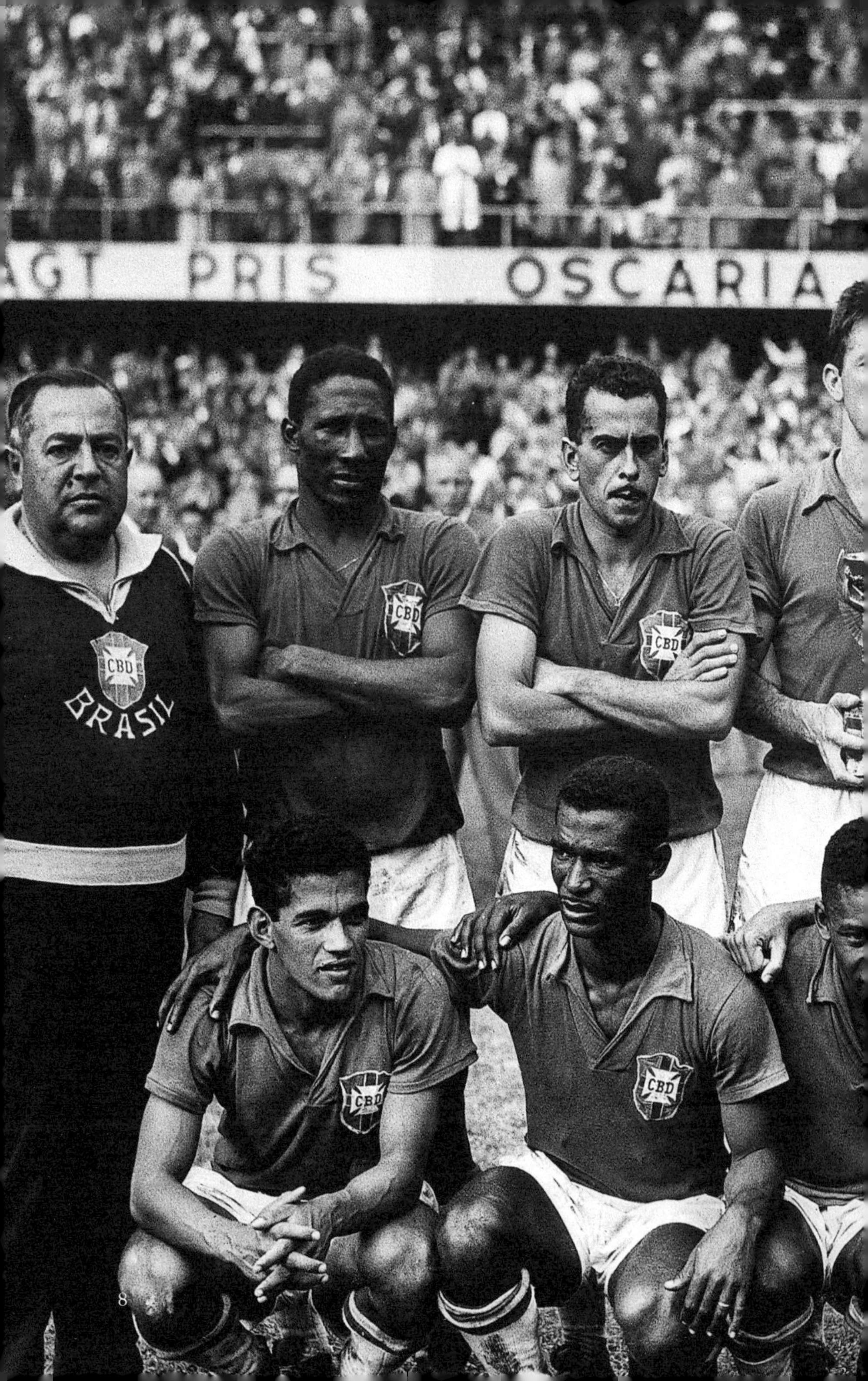
AGT PRIS OSCARIA
CBD
BRASIL

⚽ 1958年世界杯决赛，巴西队5:2战胜瑞典队，在先丢一球的不利局面下，瓦瓦和贝利均上演梅开二度的好戏，帮助巴西队首次夺得世界杯冠军。"足球王国"从此正式走向世界！

巴西队决赛出场阵容（"442"阵形）：

门将：1-吉尔马尔

后卫：12-尼尔顿·桑托斯、15-奥兰多·佩坎尼亚、2-路易斯·贝里尼、4-德贾尔马·桑托斯

中场：7-马里奥·扎加洛、6-迪迪、19-齐托、11-加林查

前锋：10-贝利、20-瓦瓦

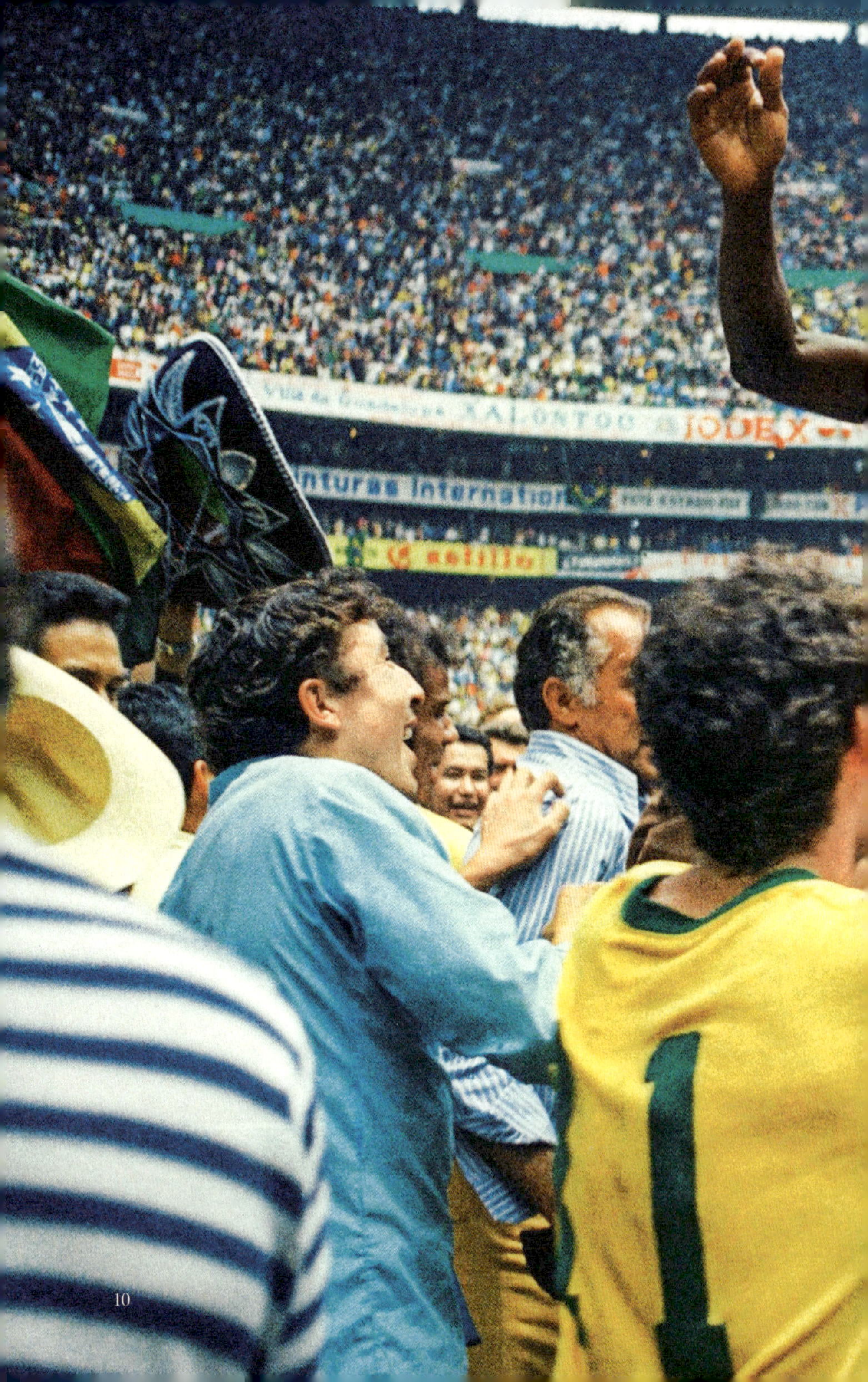
IODEX

巨星榜

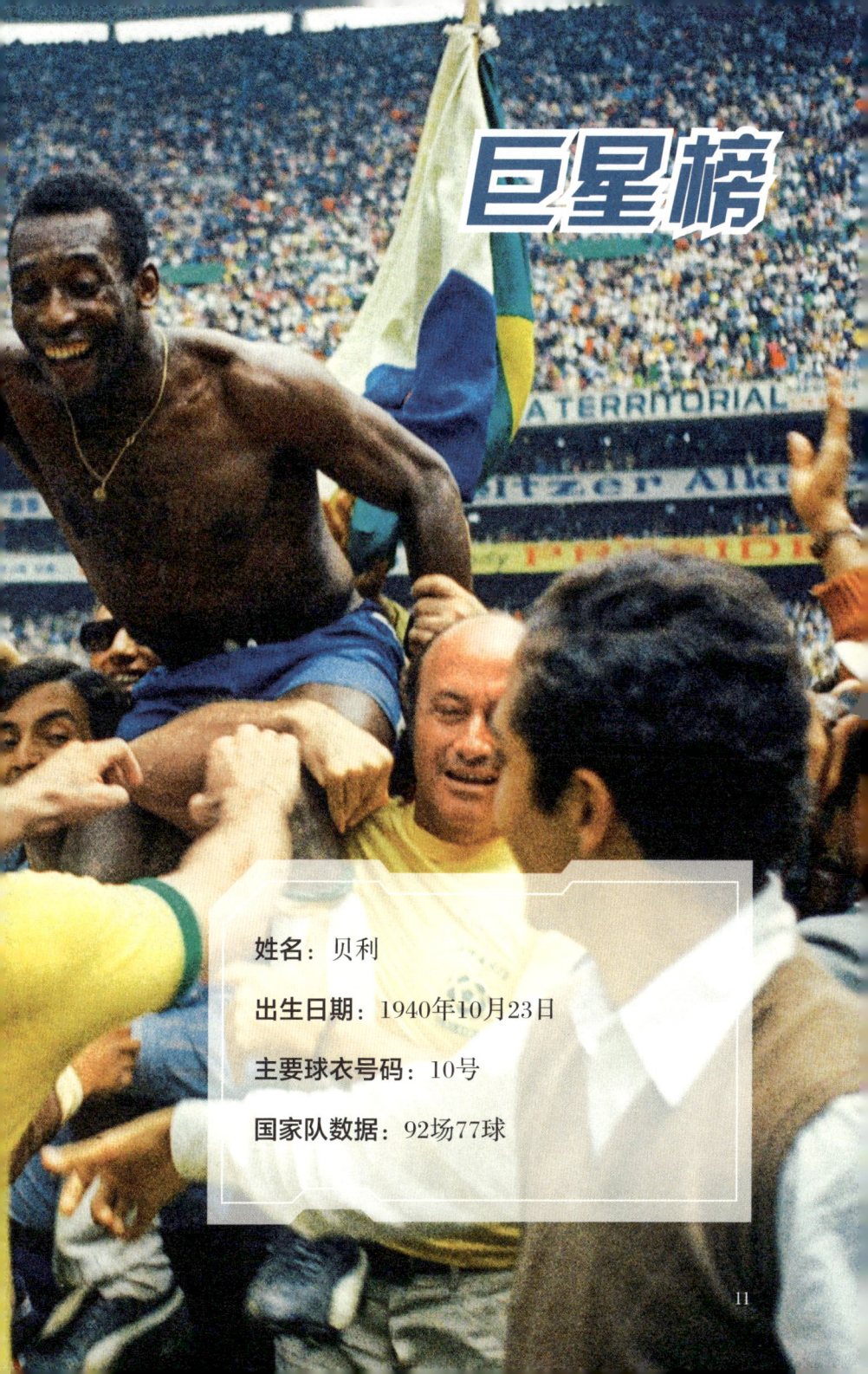

姓名：贝利

出生日期：1940年10月23日

主要球衣号码：10号

国家队数据：92场77球

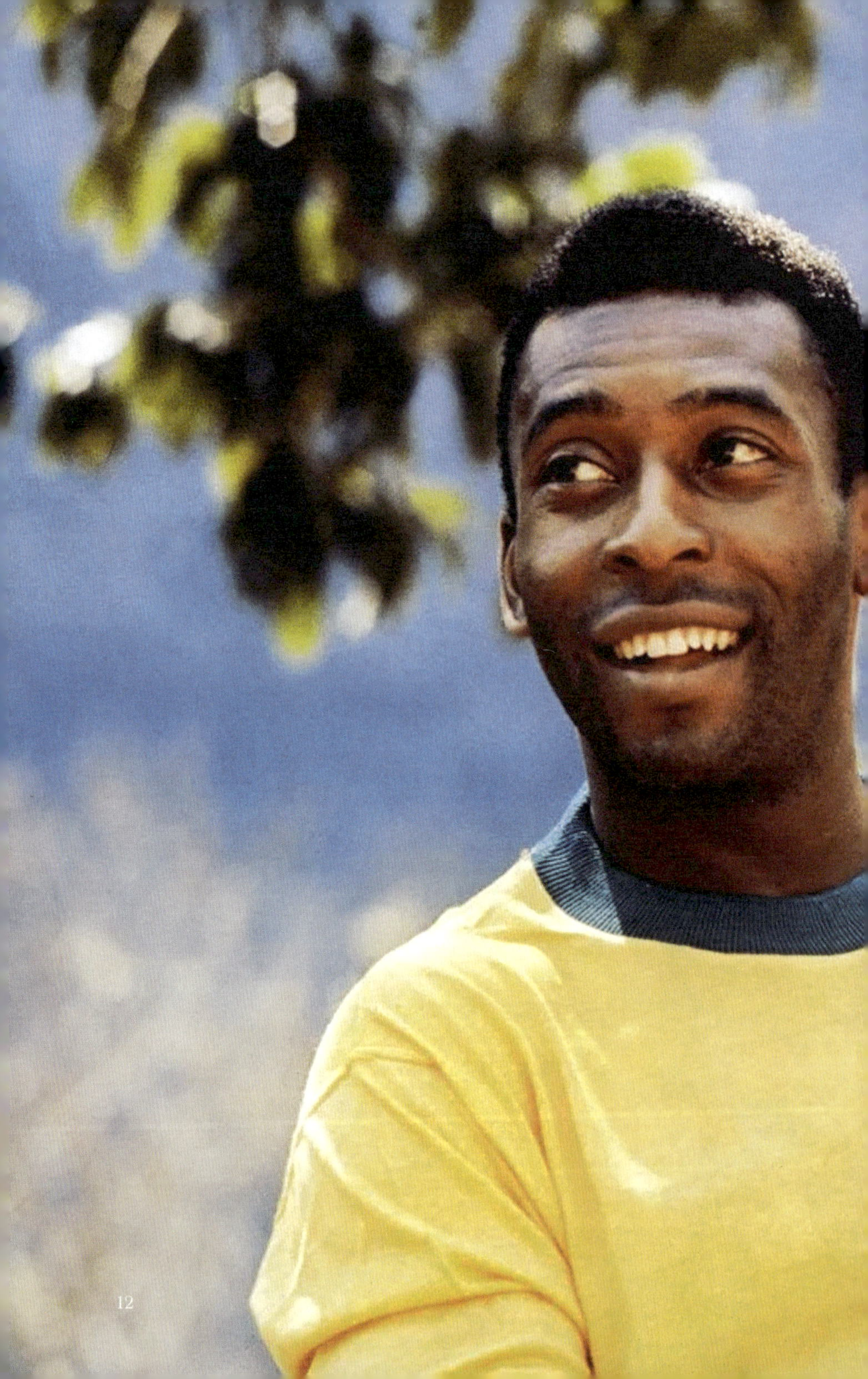

"球王"

　　他是横空出世的天才，首次登场即称王，捧起雷米特杯；他是让人艳羡的绿茵王者，三夺世界杯冠军，缔造无以复制的辉煌；他是世界球迷和媒体都承认的"球王"，缔造传奇，留下让后人仰望的职业生涯。他就是贝。

　　1958年，不满18岁的贝利踏上了世界杯的征程。对他而言，这不过是场游戏，轻松自在；但对巴西队的众将士而言，这场赛事却承载着沉重的历史包袱——1950年的"马拉卡纳惨案"仍历历在目，他们急需一场胜利来拂去八年前的阴霾。尽管全队士气高昂，但谁也未曾料到，这位青涩少年会成为决定比赛走势的关键人物。

　　前两场比赛，贝利因伤病所困，未能上场；但自第三场比赛起，他便以惊人的表现震撼了世界。面对实力雄厚的苏联队，贝利毫无

惧色,他的助攻为巴西队锁定胜局。在随后的淘汰赛中,贝利更是大放异彩;1/4决赛,他打入精彩一球;半决赛,他更是在短短的23分钟内完成帽子戏法。到了决赛,贝利梅开二度,助巴西队首次夺得世界杯冠军。

1958年世界杯,让贝利的威名远扬。他所在的桑托斯队频繁参加巡回表演赛,这一切也让他在1962年世界杯中受到了对手的严密盯防。不幸的是,贝利在第二场比赛中受伤,提前结束了世界杯之旅。然而即便没有贝利,巴西队也依然凭借出色的表现第二次夺得了世界杯冠军。

1966年的世界杯,当相似的情形再次上演时,巴西队的其他球员未能再创奇迹,球队在小组赛遗憾出局,贝利也失去了继续征战世界杯的热情。1970年世界杯,本已心灰意冷的贝利

在球迷的期待下重回赛场。在主教练的悉心指导和年轻队友的激励下,年近30岁的贝利焕发出新的活力,也学会了更好地保护自己。那一届世界杯,贝利虽只打入4球,却送出了6次助攻,使巴西队最终完成了三夺世界杯冠军的壮举。

  2004年,国际足联的百年庆典上,贝利荣获"国际足联百年最佳球员和足球名人"奖,正式被授予"球王(The King of Football)"的称号。因为贝利对巴西足球的贡献和重要性,巴西政府曾专门立法称他为"不可出口的国宝"。

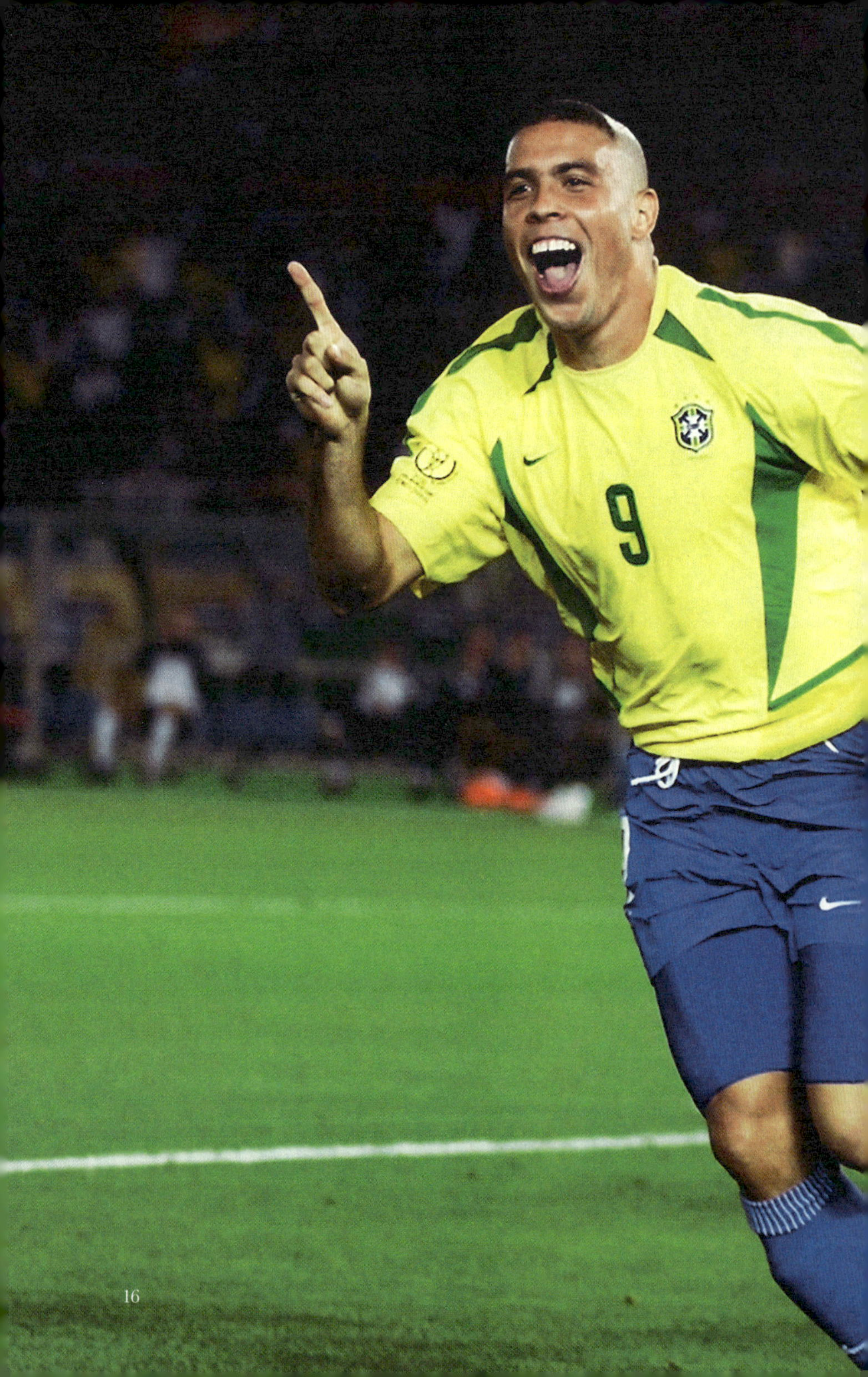
9

姓名：罗纳尔多

出生日期：1976年9月18日

主要球衣号码：20号、9号

国家队数据：98场62球

个人荣誉：2次金球奖，3次世界足球先生

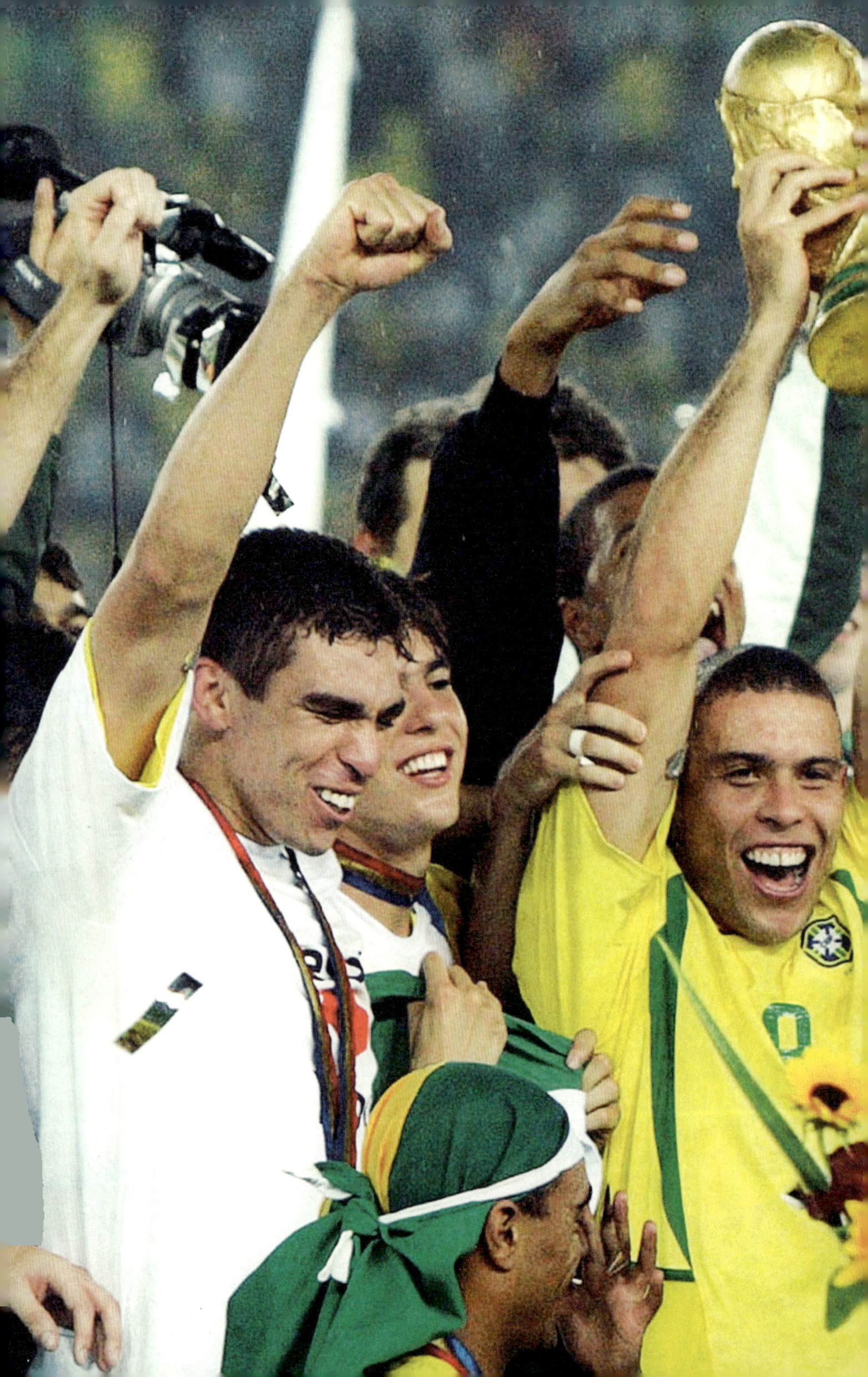

"外星人"

　　1998年世界杯，他惊艳亮相，却留下了难以名状的遗憾；2002年世界杯，他美梦成真，缔造了极致的巅峰；2006年世界杯，他黯然退场，巴西队也就此陷入低谷。这个他就是"外星人"罗纳尔多。

　　1993年，罗纳尔多在巴西国家青年队中横空出世，他在20场比赛中打入22球，震惊了巴西足坛。罗纳尔多的天赋和实力，使他获得了参加1994年世界杯的宝贵机会。然而，他并未在那届世界杯上亮相，只是在替补席上默默注视着罗马里奥等前辈的风采，心中燃烧着属于自己的足球梦想。

　　时光荏苒，1998年的罗纳尔多已在欧洲足坛崭露锋芒，此前更是获得了金球奖和世界足球先生，他在1998年世界杯上成为巴西队的主

力球员，肩负着为球队攻城拔寨的重任。前6场比赛，罗纳尔多的发挥堪称完美。然而，巨大的夺冠压力让他背负了莫名的负担，最终在决赛前，一场突如其来的怪病让他状态全无，巴西队也因此痛失冠军。

1998年世界杯之后，罗纳尔多的膝盖开始无法承受他那如外星人般的踢法，一次次的受伤预警被忽视，最终演变成无法回避的伤痛。2002年世界杯，罗纳尔多的状态虽然不如4年前，但他拥有了更多出色的队友、更好的团队。他打进8球，在决赛中的梅开二度更是帮助巴西队举起了球队历史上的第五座世界杯冠军奖杯。

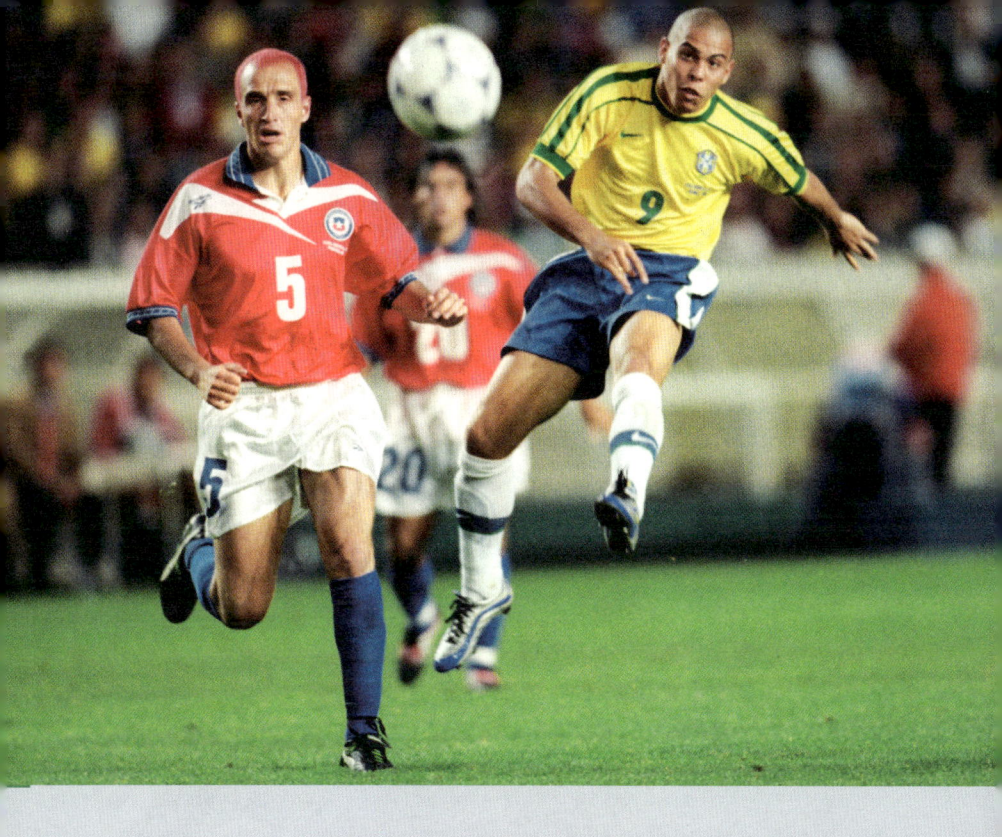

然而，岁月不饶人，即便罗纳尔多被称作"外星人"，受到伤势和疾病的困扰也让他已不再是那个无可匹敌的"外星人"。世界杯单人共计打入15球的壮举，难掩他发福的身材。2006年世界杯巴西队败给了法国队，定格了他谢幕的背影。

　　罗纳尔多，一个曾让全世界为之疯狂的足球天才。他是一个完美的前锋，拥有出色的力量、速度、技术和门前嗅觉，他的爆发力几乎达到了完美的程度。他曾是不可阻挡的"外星人"，但在岁月和伤病的摧残之下，他最终变回了"地球人"。这一路，他已然缔造了足球世界里最为传奇的旅程。

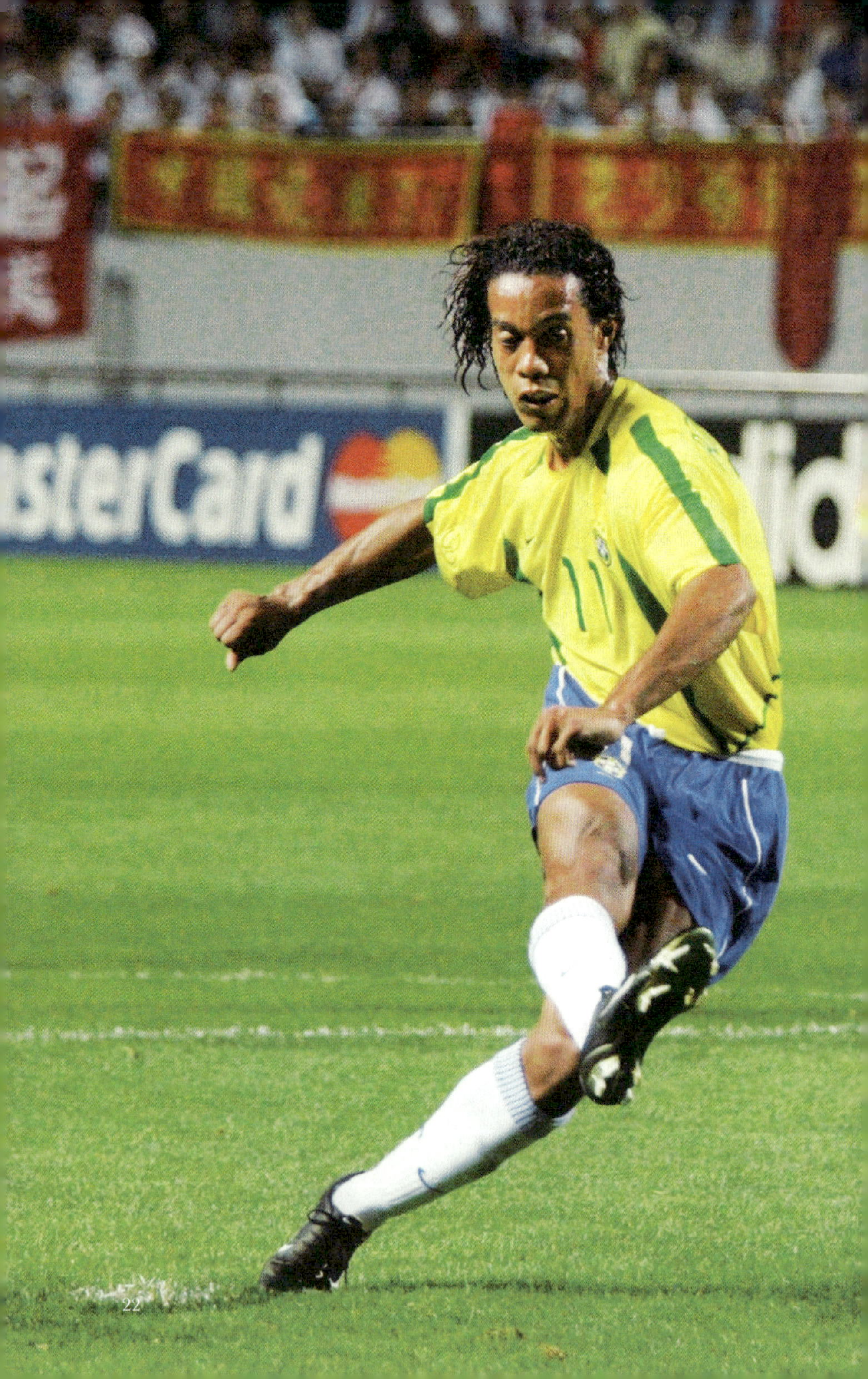

姓名：罗纳尔迪尼奥

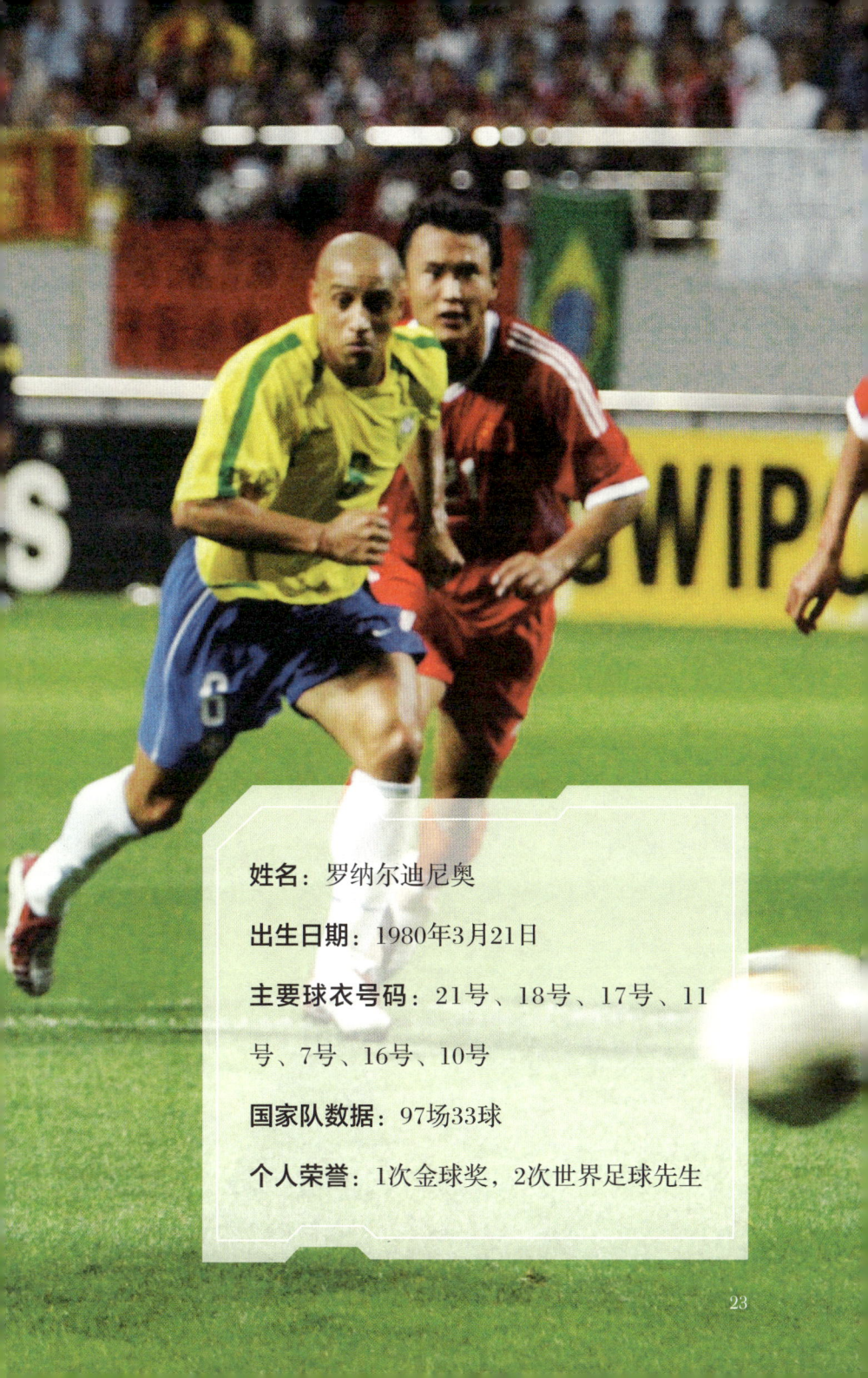

出生日期：1980年3月21日

主要球衣号码：21号、18号、17号、11号、7号、16号、10号

国家队数据：97场33球

个人荣誉：1次金球奖，2次世界足球先生

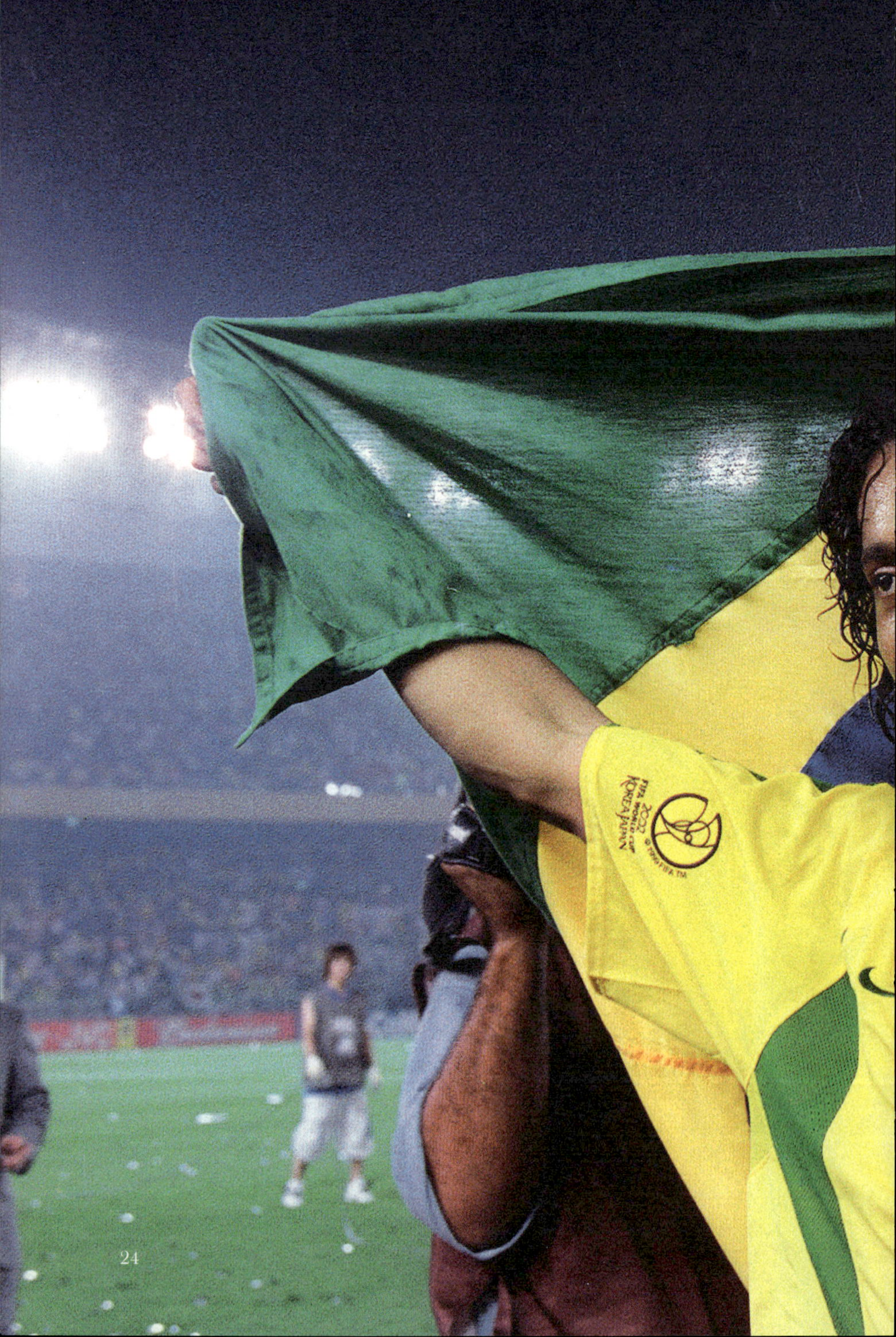

足球精灵

　　他是绿茵场上的精灵，随时随地能创造让人瞠目结舌的名场面。他是"足球王国"的最佳代言人，让足球充满了快乐和艺术的气息。他是巴西队曾经的核心之一，一脚吊射镌刻在世界杯的璀璨历史之中。他就是罗纳尔迪尼奥，一个极具魅力的"典型"巴西球员。

　　2002年世界杯前夕，巴西队仍沉浸在昔日世界杯决赛失利的痛楚之中。然而，新一代的巴西足球天才已在悄然崛起。1997年，罗纳尔迪尼奥以他卓越的表现，帮助巴西U17队勇夺世界青年足球锦标赛冠军，他更是凭借出色的进球能力荣膺赛事最佳射手。1999年6月，罗纳尔迪尼奥在巴西队完成了他的首秀，随后助力球队接连赢得1999年美洲杯冠军和1999年联合会杯亚军。在这两大赛事中，罗纳尔迪尼奥打入7球，表现抢眼。那时的他，球风已展现出无比的华丽，然而在与更擅长进球的罗纳尔多并肩作战时，他将进球的重任交给了队友。

　　2002年世界杯1/4决赛，罗纳尔迪尼奥大放异彩。在巴西队先失一球的不利局面下，他中路疾进，以精湛的技巧突破对手防线，为里瓦

尔多送出关键助攻。随后在定位球环节，他更是以一记出人意料的吊射破门，让英格兰队门将大卫·希曼颜面尽失。

在这场比赛中，罗纳尔迪尼奥无疑是最耀眼的明星。2002年世界杯结束之后，罗纳尔迪尼奥加盟了巴塞罗那队（简称"巴萨队"），迎来了角逐俱乐部最高荣誉的新机遇。在2006年世界杯前，他已斩获欧洲冠军联赛（简称"欧冠"）的桂冠，并荣获金球奖和世界足球先生等个人殊荣，达到了职业生涯的巅峰。然而，这也让他在一定程度上失去了往日对足球的专注。

2006年世界杯，原本被寄予厚望的罗纳尔迪尼奥表现平

平,巴西队也止步于1/4决赛。外界当时普遍认为这只是他职业生涯中的一次小小挫折,却不料这竟成为他在世界杯舞台上的绝唱。

在为巴西队出战的97场比赛中,罗纳尔迪尼奥打入33球、送出28次助攻。他在球场上始终保持的微笑,更是为他增添了几分魅力。罗纳尔迪尼奥将原本紧张激烈的足球比赛,重新变回了充满乐趣的游戏,这是他独有的魔力。然而,他也将自己的职业生涯视作一场游戏,时而认真投入,时而嬉戏玩闹。

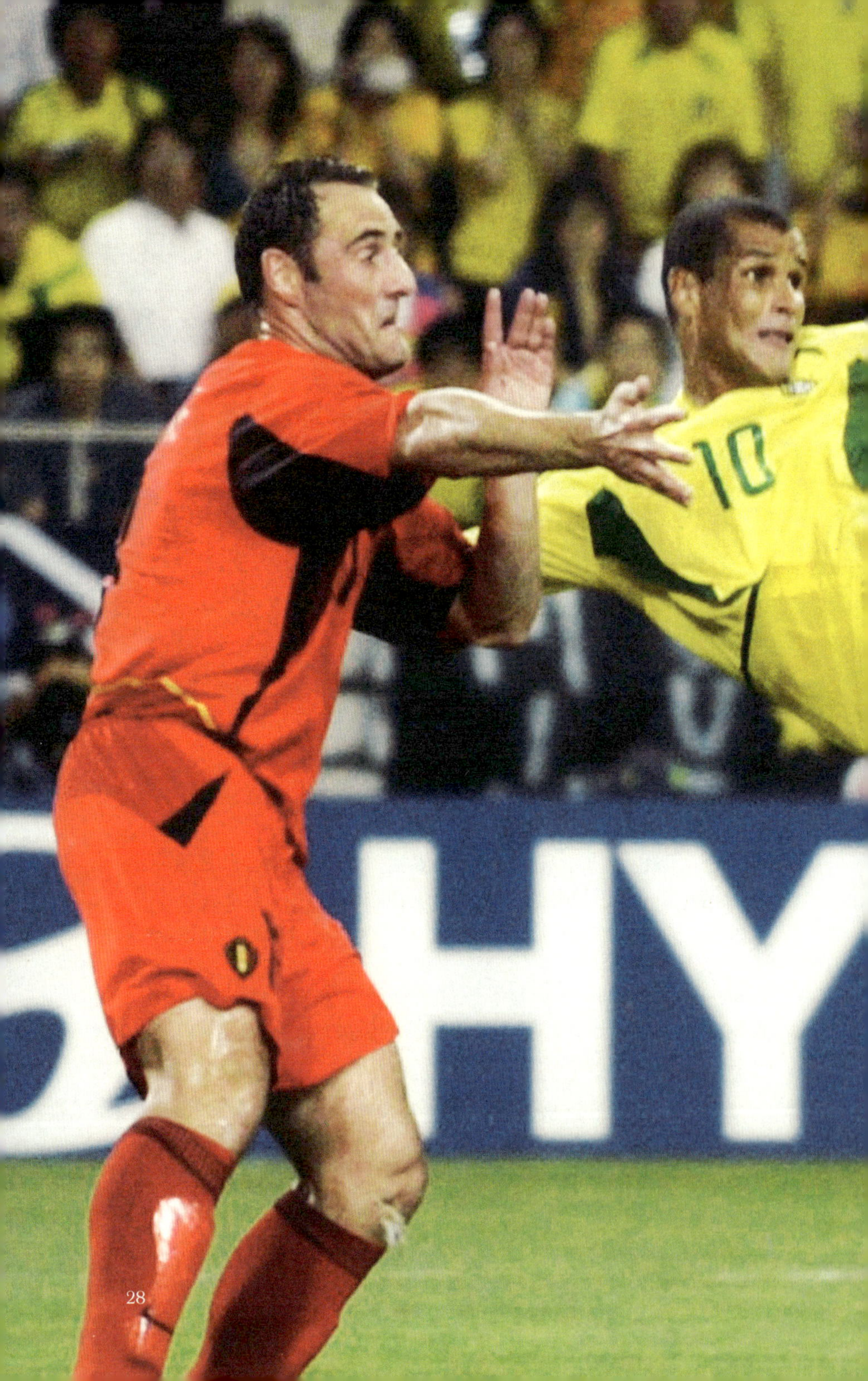

姓名：里瓦尔多

出生日期：1972年4月19日

主要球衣号码：20号、10号

国家队数据：74场35球

个人荣誉：1次金球奖，1次世界足球先生

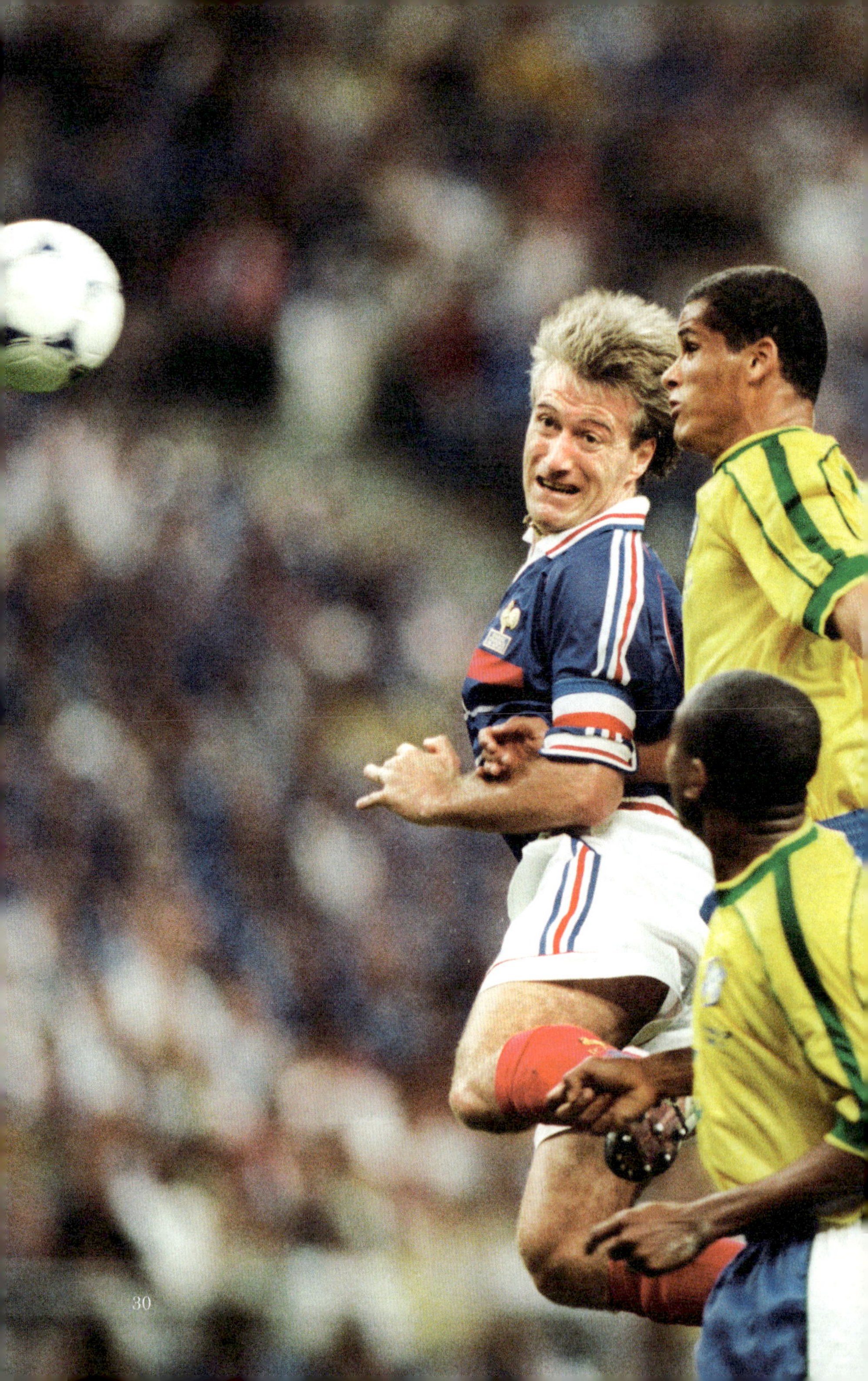

"神锋瓦刀"

在2002年世界杯之前,他是巴西队球迷发泄不满的出气筒,只要巴西队没有夺冠,他就会遭受无尽的谩骂;在2002年世界杯之后,他是巴西队球迷无比怀念的夺冠功臣,只要巴西队没有夺冠,他就会成为球迷最想念的"神锋瓦刀"。这两种充满矛盾的情绪,齐聚在一人身上,这个人便是里瓦尔多。

1996年亚特兰大奥运会,里瓦尔多以超龄球员的身份参加男足比赛,但巴西队表现不佳,在半决赛不敌尼日利亚队,仅取得了铜牌。1998年,里瓦尔多代表巴西队参加世界杯,他的表现还算不错,巴西队也闯进了决赛,但最终惨败给法国队。巴西队球迷将怒火都施加在了里瓦尔多的头上,这让他甚至萌生了退出巴西队的想法。

2002年世界杯,里瓦尔多与罗纳尔多、罗纳尔迪尼奥组成了震古烁今的"3R组合",里瓦尔多打进5球,是仅次于罗纳尔多的队内第二射手。决赛对阵德国队,在罗纳尔多两个进球的背后,里瓦尔多都是无名英雄。当里瓦尔多举起大力神杯的时候,所有的委屈都已烟消云散。

2003年,里瓦尔多宣布从巴西队退役,他为巴西队出场74次,打进35球。里瓦尔多除了随巴西队获得世界杯冠军之外,他在俱乐部赛场也拿到了诸多冠军,还获得了金球奖和世界足球先生。一代"神锋",留下数不尽的传奇荣耀。

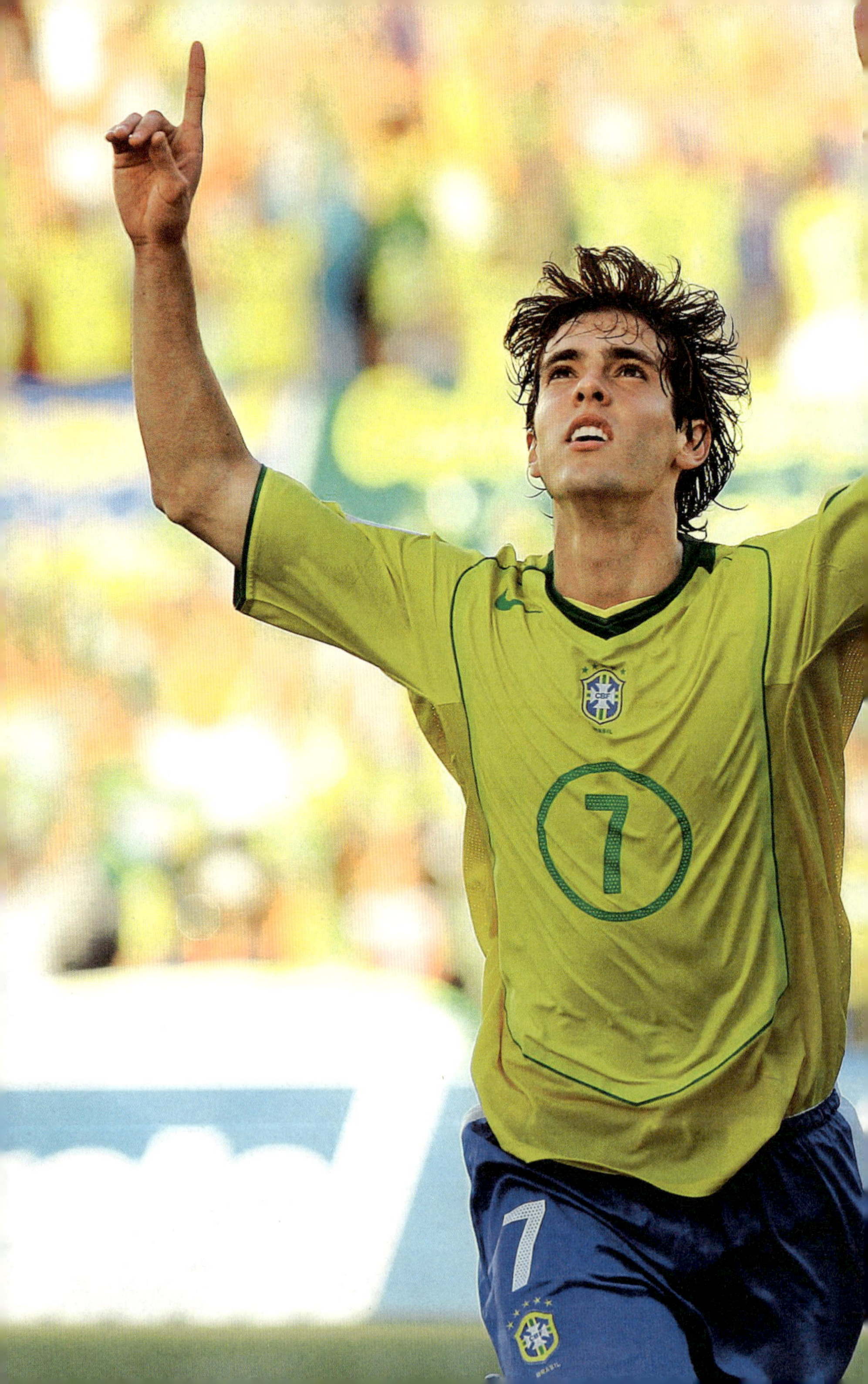
CBF
7
7

姓名：卡卡

出生日期：1982年4月22日

主要球衣号码：23号、16号、8号、7号、22号、10号

国家队数据：92场29球

个人荣誉：1次金球奖、1次世界杯足球先生

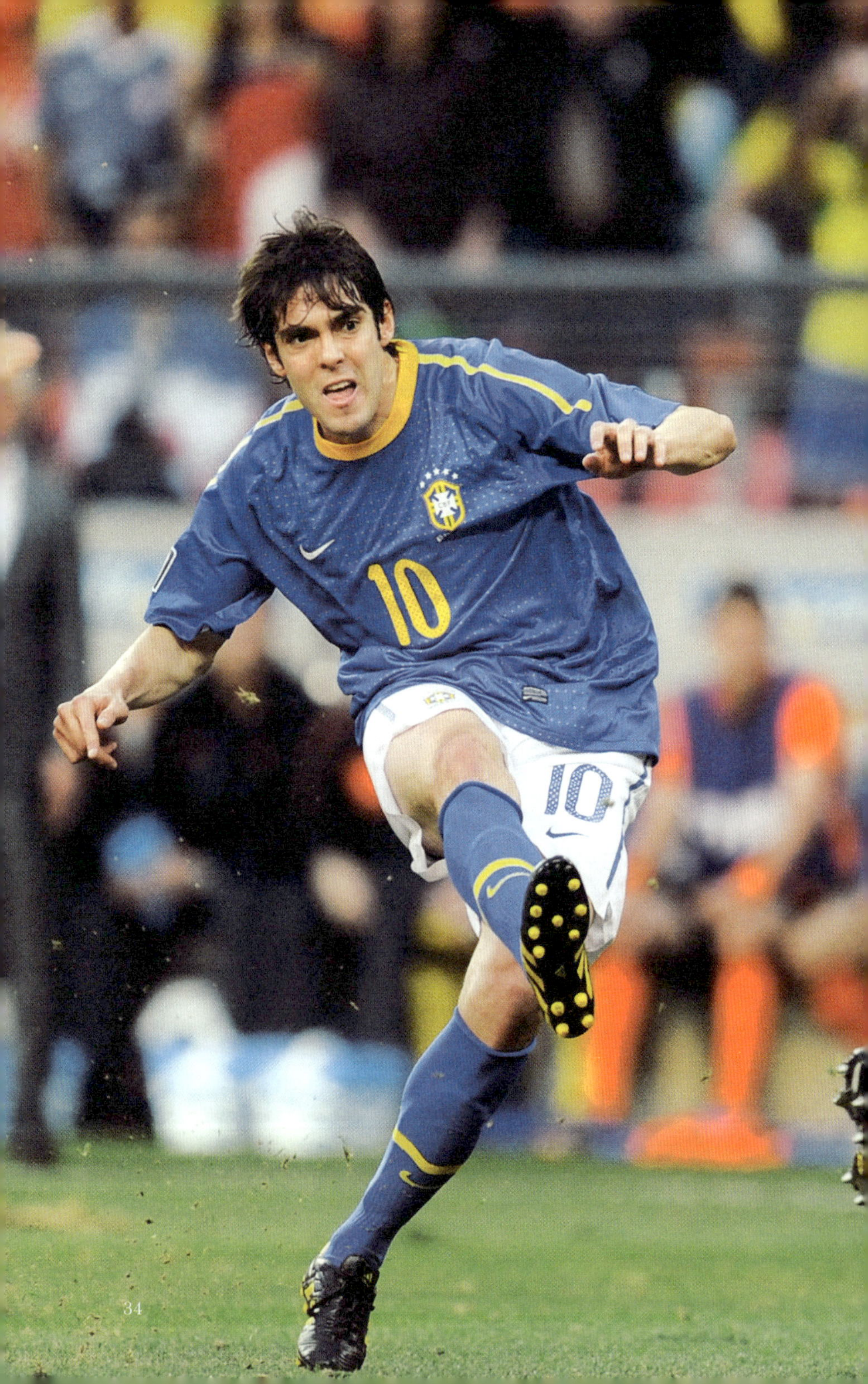
10
10

"上帝之子"

2002年世界杯，卡卡作为年轻球员，跟着老大哥们品尝到了冠军的滋味；2005年联合会杯，他带领和自己一样年轻的队友，收获了第一个小成功；2006年的一场热身赛，卡卡把利昂内尔·梅西甩在身后的进球，让巴西队球迷深信未来是属于他的；然而到了2010年世界杯，卡卡带伤作战，没能把巴西队送到世界之巅。

强壮的身体、快速的奔跑能力、灵动的出球和出色的射门技术，卡卡具备了成为顶级前腰的一切素质。2002年世界杯，只有20岁的卡卡入选巴西队，在"3R组合"大杀四方的时候，他当然不会有太多的出场机会，老大哥们赢下的冠军让卡卡无比羡慕。随后他来到欧洲，提升自己的能力，追逐属于自己的奖杯。2005年，卡卡和一群年轻的队友征战联合会杯，身穿8号球衣的他不仅成为主力，还在对阵阿根廷队的决赛里打进1球，帮助巴西队夺得了冠军。

在卡卡赢得欧冠冠军、当选世界足球先生、转会皇家马德里队（简称"皇马队"）时，一个能帮助巴西队赢得世界杯冠军的核心球员俨然已经出现。然而谁也不曾料到，联合会杯冠军，便是卡卡为巴西队夺得的最高奖项了。2006年和2010年两届世界杯，卡卡率领的巴西队都止步1/4决赛。

在"梅罗"二人垄断金球奖和世界足球先生之前，他是最后一位力压双雄的巨星，"上帝之子"的生涯难言完美，尤其是在国家队层面，他未能重现前辈在国际大赛（世界杯与美洲杯）的荣耀。不过，他在中场带球大踏步向前的英姿，已然成为无数人难以忘怀的绿茵经典。

姓名：内马尔

出生日期：1992年2月5日

主要球衣号码：11号、10号

国家队数据：128场79球

37

时运不济的天才

　　天赋异禀的内马尔，在横空出世之后便被视作巴西足球复兴的希望。他在国际足联U17世界杯中的表现，让贝利、罗马里奥等一众传奇为他喝彩。但现在内马尔已过而立之年，并未能率领巴西队重温昔日的荣耀，反倒是曾在家门口目睹了耻辱的惨败。

　　2014年世界杯1/4决赛，内马尔被对手撞击造成骨折，提前结束世界杯的征程。巴西队在没有内马尔的情况下征战半决赛，以1∶7的大比分输给了德国队，创造了巴西足球历史上最耻辱的惨败。惨败之后，巴西队也没能知耻而后勇，内马尔在2018年世界杯上被犯规后的翻滚，成为全世界嘲笑和讽刺的素材。不知不觉当中，2022年世界杯上的内马尔已经30岁了，他也很清楚自己的机会已经所剩无几，所以他拿出了近几年来的最好表现，但还是没能阻挡巴西队的失败。在目睹队友罚丢点球之后，他的沮丧、他的无奈、他向命运低下的头颅，都仿佛他在巴西队生涯的写照。在他的世界杯征程中，悲情和遗憾成为主旋律，大力神杯遥不可及。

　　从天赋和能力来说，内马尔本该带领巴西队达到更高的高度，甚至触碰冠军奖杯，但一系列的变故让这一切没有发生，这是内马尔和一代巴西国家队的遗憾。天才少年，未能闯出一片鲜花和荣耀铺就的天地，留下了无尽的悲情。

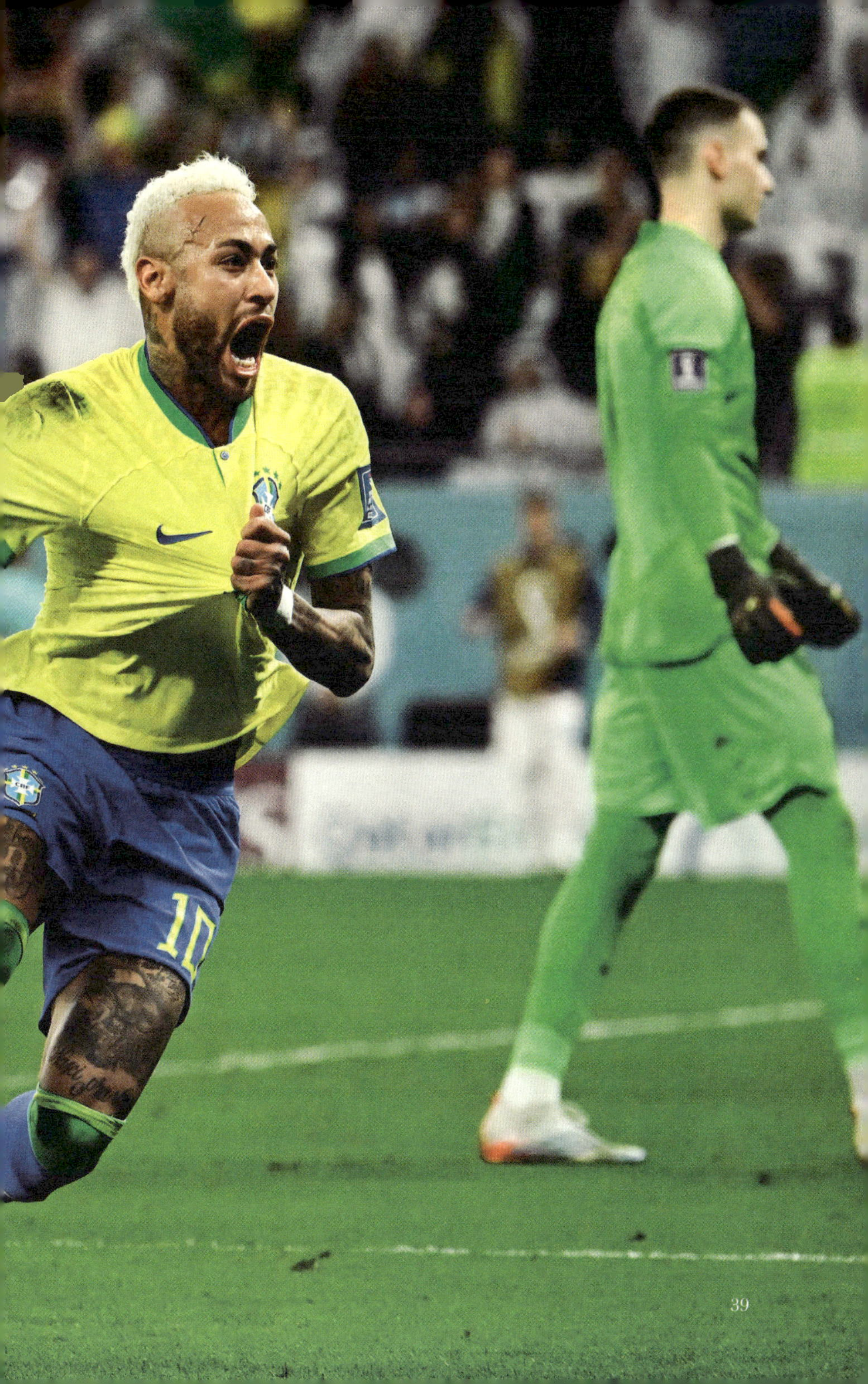

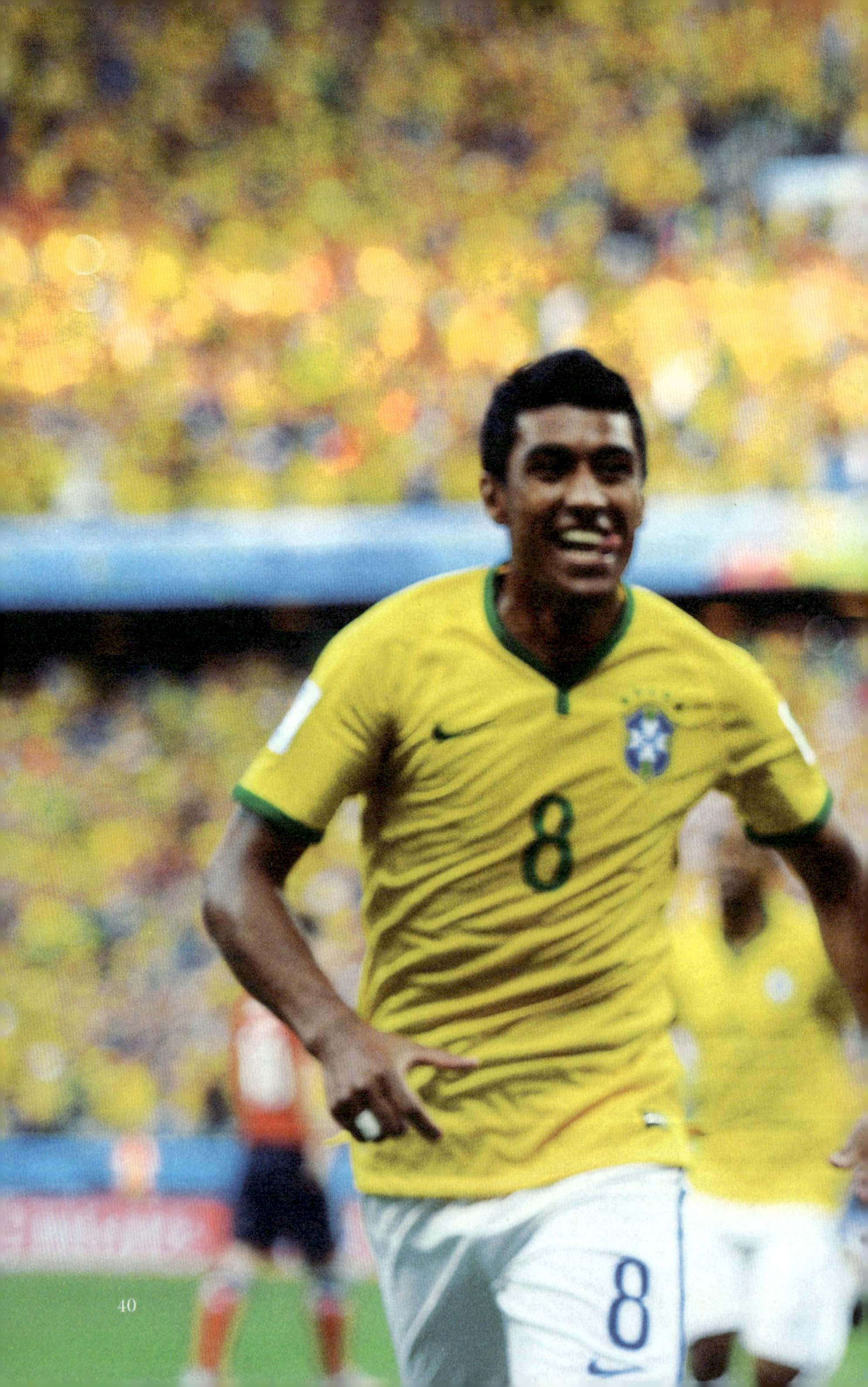
8
8

姓名：蒂亚戈·席尔瓦

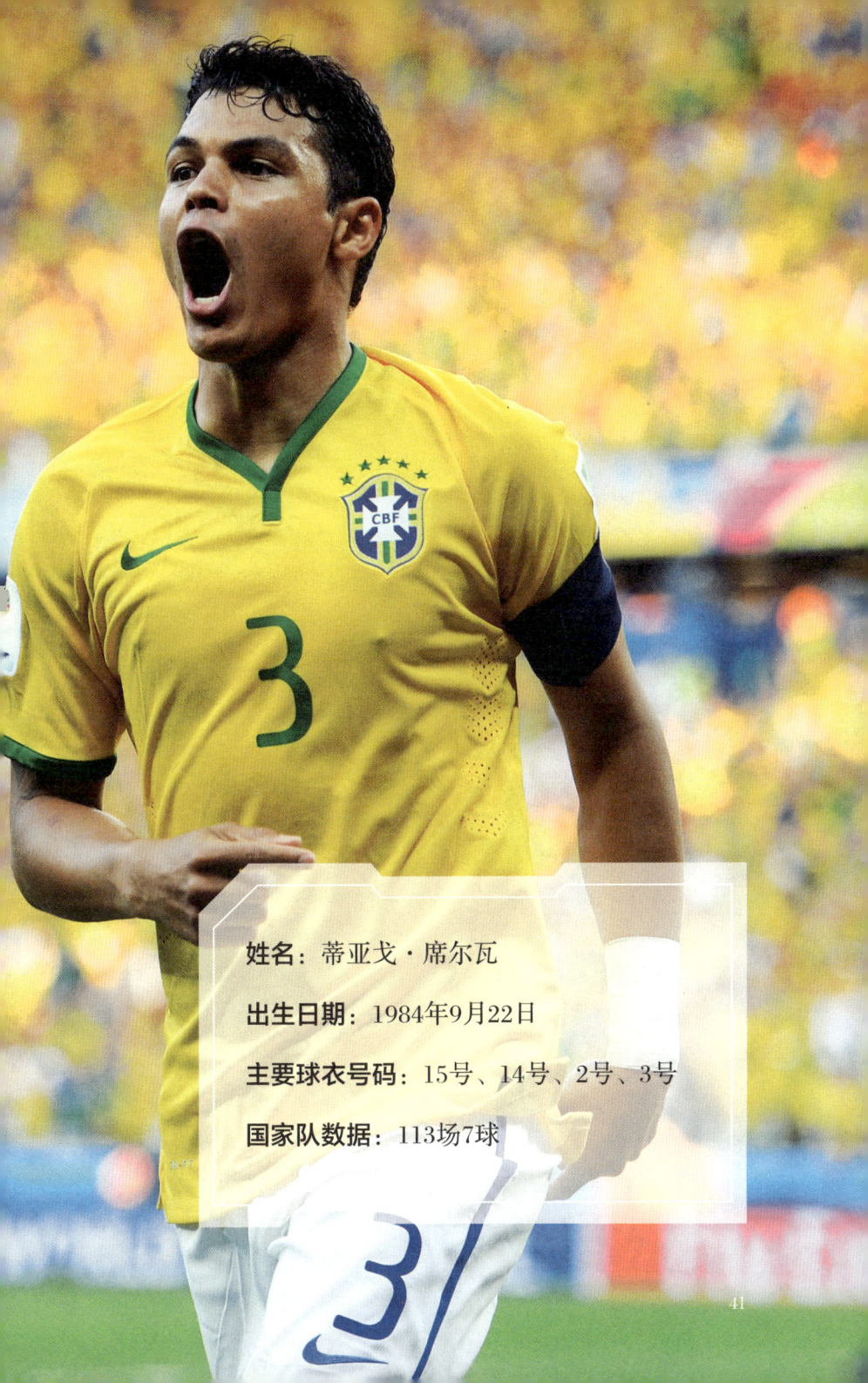

出生日期：1984年9月22日

主要球衣号码：15号、14号、2号、3号

国家队数据：113场7球

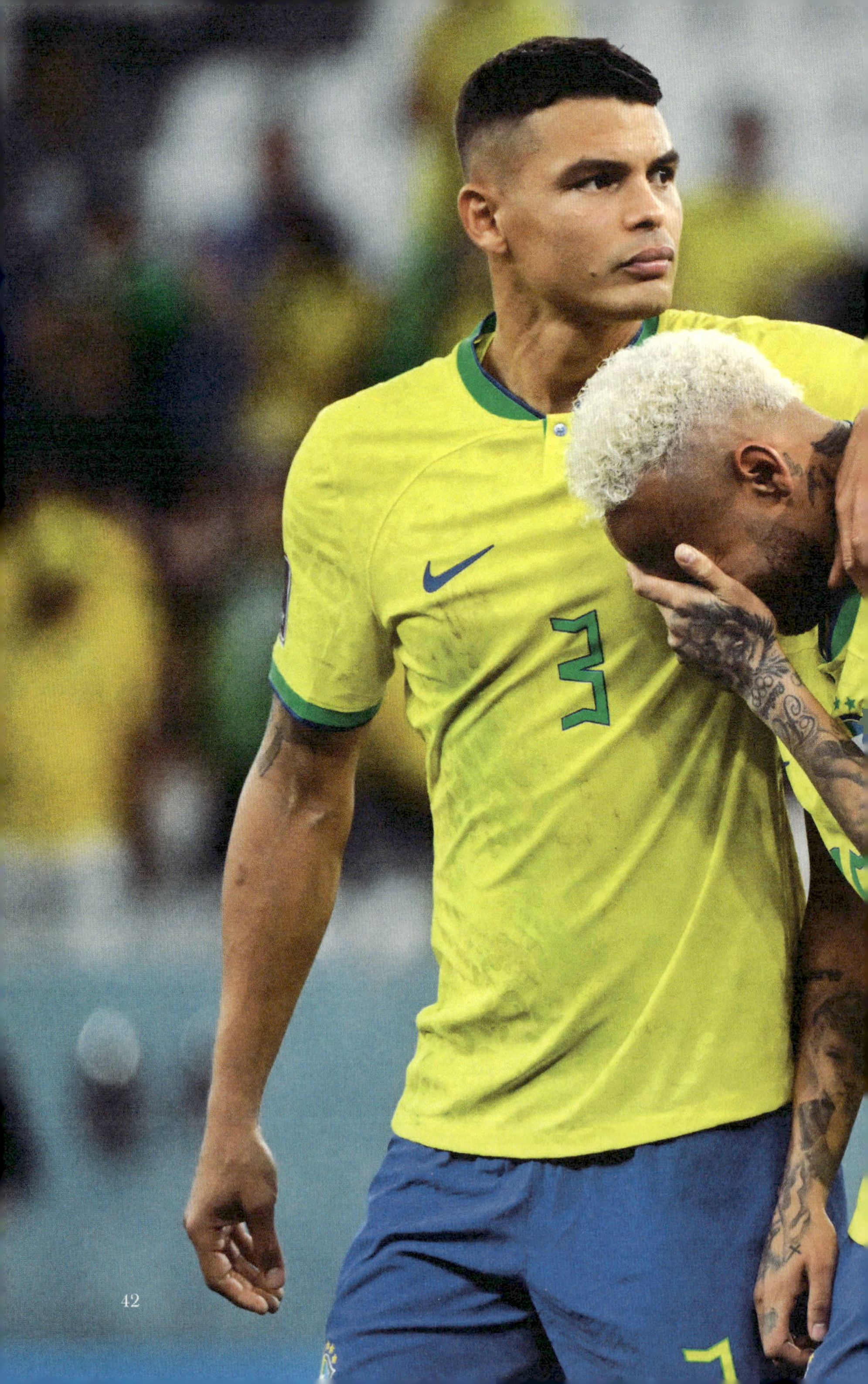

后防领袖

他是巴西队的优秀后卫,却随队经历了长时间的低谷;他是巴西队的第一队长,却在国人面前暴露了自己的脆弱;他是世界杯上的老将代表,却被认为是教练任人唯亲的受益者。他就是蒂亚戈·席尔瓦,一个本应获得更多荣誉,却始终无法摆脱争议的巴西队球员。

2008年,刚刚年满24岁的蒂亚戈·席尔瓦得到了巴西队的征召,完成了自己在巴西队的首秀。2013年联合会杯,蒂亚戈·席尔瓦以队长的身份举起联合会杯冠军奖杯,那时的他相信自己能在来年的巴西世界杯上完成梦想,但在巴西世界杯上,蒂亚戈·席尔瓦暴露了自己的缺陷。

2014年世界杯1/8决赛,巴西队对阵智利队,比赛被拖入点球大战,作为队长的蒂亚戈·席尔瓦却不敢参加点球大战,甚至因为压力过大而哭了出来,这让他在赛后遭到了巴西队球迷的猛烈批评。1/4决赛,蒂亚戈·席尔瓦用头球破门博得了球迷的原谅,但在这场比赛中,蒂亚戈·席尔瓦被判罚黄牌,累计得到两张黄牌的他遭到停赛,内马尔也在这场比赛中受伤,这让巴西队失去了一前一后两员大将,从而在半决赛中耻辱性地输给了德国队。半决赛的失利,成为这一代巴西球员的集体伤痛。

往后的岁月里,蒂亚戈·席尔瓦并没有能率领巴西队强势反弹。2022年世界杯,蒂亚戈·席尔瓦超越名宿贾尔马·桑托斯,成为代表巴西队出战世界杯最年长的球员。这是一个值得骄傲的纪录,但对巴西队来说,却并不是什么好事。

巴西队的下滑是大势所趋,不是一名后卫所能阻挡的,这恐怕才是蒂亚戈·席尔瓦职业生涯所有遗憾、争议和悲情的根本原因。他努力捍卫巴西足球最后的尊严,却最终力有不逮,无奈转身。

姓名：维尼修斯·儒尼奥尔

出生日期：2000年7月12日

主要球衣号码：21号、18号、20号、10号、7号

国家队数据：28场3球

新一代巴西队领军人物

巴西足球永远不缺少天才球员，维尼修斯就是被寄予厚望的天才。2019年9月，维尼修斯完成代表巴西队的处子秀，就此开始了自己的国家队之路。2022年世界杯1/8决赛，维尼修斯在对阵韩国队的比赛里斩获个人世界杯首球，以22岁146天的年龄，成为巴西队近8年最年轻的世界杯进球球员。随着内马尔的年纪不断变大，属于维尼修斯的时代大幕拉开。最近几届世界杯都表现不佳的巴西队，迫切地需要一位年轻的天才球员带领球队重现昔日的荣光，维尼修斯能扛起这个重任吗？

篇首语

桑巴足球，永不熄灭的火焰

1961年，时任巴西总统的雅尼奥·达席尔瓦·夸德罗斯给巴西国家体育委员会主席若昂·门多萨·法尔考写了一张便条。

便条上的内容非常简单：夸德罗斯对外国俱乐部一再尝试签下贝利感到担忧，在他看来，如果欧洲球队成功引进贝利，将导致巴西球队的实力被削弱。

随后，夸德罗斯等待着门多萨的行动。

没用多长时间，巴西政府就通过了一项法案，宣布贝利为"不可出口的国宝"，禁止贝利在没有得到政府许可的情况下出国踢球。

法案公布之后，巴西球迷欢欣鼓舞，但也有人提出了批评，认为总统和政府用这种方式剥夺了贝利的权利，整个过程是违反宪法精神的。

巴西队

然而，我们必须明白，巴西政府之所以采取如此决绝的举措，皆因贝利的光芒太过耀眼。1958年世界杯，那个年仅17岁的少年，打入6球帮助巴西队夺冠，他的天赋与实力已然震惊世界。到了1961年，贝利在俱乐部与国家队的75场比赛中，更是打入了惊人的111球，其威力无人能挡。据传，当时意大利的国际米兰队主席安杰洛·莫拉蒂，为了得到这位球场上的王者，甚至不惜提供超过6亿美元的巨额报价。

事实证明，这样的投入若是能打动贝利所在的桑托斯队，无疑是值得的。因为在随后的岁月里，贝利与加林查、雅伊尔齐尼奥等天才球员并肩作战，在1962年和1970年的世界杯上两次夺冠，贝利也成为历史上唯一三次夺得世界杯冠军的传奇球员。在贝利的职业生涯中，他共出战1363场比赛，打进1281球，这一数据足以让后世球员仰望。

正因如此，巴西政府的决策在一定程度上收到了预期的回报。试想，若贝利当年远走他乡，他是否还能助力巴西队三次斩获世界杯冠军，这无疑要画上一个大大的问号。但无论如何，即便没有贝利，那片热爱足球的土地也注定会孕育出无数的足球英才，巴西，永远是那个无可争议的"足球王国"。

早在20世纪初，足球的种子便在巴西这片沃土上生根发芽。那时的巴西足球，还显得稚嫩而青涩，但已经显露出无尽的潜力。

随着岁月的流逝，巴西足球逐渐崭露头角，开始在国际舞台上初露锋芒。

无论是在繁华的大街，还是在宁静的沙滩，抑或是在贫民窟狭窄幽深的小巷，足球的激情与梦想在巴西这片神奇的土地上总能如雨后春笋般迸发而出。这里的孩子，无论身处何种环境，都能用双脚书写对足球的热爱与执着。正是在这些看似恶劣的条件下，巴西球员磨炼出了超凡脱俗的技艺，他们的脚下功夫灵活多变，让其他国家的球员望尘莫及。

贝利这一代巨星的退役，并未让巴西足球因此沉寂。

相反，新一代的球员如雨后春笋般崭露头角，他们接过了前辈的旗帜，继续在绿茵场上书写着属于巴西的传奇。雅伊尔齐尼奥是在世界足坛留下浓墨重彩一笔的球员，他的速度与突破能力让无数球迷为之倾倒。济科以卓越的组织能力和精准的传球，为巴西队创造了一次又一次的进攻机会。苏格拉底，这位集智慧与才华于一身的球员，他的存在让巴西队更加完美。

这些新一代的球员，在继承了贝利和加林查等前辈的精神的同时，也注入了自己独特的风格和魅力。他们在比赛中展现出的技艺与激情，让巴西足球继续在世界足坛上熠熠生辉。无论是在国内联赛还是国际赛场，他们都展现出了巴西足球的精髓与魅力，让全世界的球

巴西队

迷为之疯狂。

可惜的是,这一批优秀的球员并未帮助巴西队夺得世界杯冠军,这让巴西队陷入了是否要向战术设计更为精巧的欧洲球队学习的苦恼之中。此后的数十年,这一问题一直在困扰巴西足球。

这一问题的答案时有反复,但巴西球员的足迹早已开始迈出国门。

随着罗马里奥、罗纳尔多、里瓦尔多和罗纳尔迪尼奥在欧洲足坛大放异彩,全世界的球迷都更为深切地感受到了巴西球员所带来的奇思妙想和精彩表演。

在欧洲的顶级足球联赛中,许多巴西球员凭借出色的技术与才华,成为各支球队的核心力量。他们灵活的跑位、精湛的技巧和出色的得分能力,为球队带来了无数的胜利与荣誉。

而在亚洲、非洲等足球发展相对滞后的地区,巴西足球同样发挥着重要的作用。许多年轻球员以巴西球员为榜样,努力提升自己的技艺水平。他们通过模仿巴西球员的动作与风格,逐渐形成了自己独特的足球风格。

只不过,模仿得再好,也难以企及本尊。罗马里奥、罗纳尔多、里瓦尔多和罗纳尔迪尼奥等人帮助巴西队再夺两届世界杯冠军,让巴西队成为第一支五次夺得世界杯冠军的球队。

"五星巴西",自此成为当之无愧的足坛王者。

所以,巴西足球的魅力早已超越了国界,成为一种全球性的文化现象。

虽然在近几年,巴西队的表现无法达到曾经的高度,但阿德里亚诺、卡卡、罗比尼奥和内马尔依然是球迷为之疯狂的巴西球员,巴西足球的影响力,依然在全世界广为传播。

这样巨星频出的巴西队,你怎能不爱?

巴西足球的辉煌并非偶然,它背后是一代又一代足球人的辛勤付出与不懈努力。他们用自己的汗水与泪水,浇灌着这片足球的沃土,让巴西足球在世界足坛上屹立不倒。

可以说,巴西足球已经不仅仅是一种运动,更是一种文化、一种精神。它用自己的方式,影响着世界各地的足球运动与足球文化。

无论巴西足球处在什么样的低谷当中,当你放眼全世界的足球联赛,你就会发现,到处都是巴西球员。欧洲五大联赛的赛场,是巴西球星绽放的舞台;世界各地的足球联赛,也都是巴西球员征战的地方。对于全世界的足球联赛来说,巴西球员永远是不可或缺的。

从这个层面上看,巴西足球就是世界足坛的中心,似乎没有人能够撼动它的地位。欧洲的几支国家队,可以在国际大赛成绩上慢慢赶超巴西队,也可以在球星数量上和巴西队分庭抗礼。但是这些欧洲足

巴西队

球强国的球员无法普及到世界各地的足球联赛,这就是"足球王国"的称号只属于巴西的最真实的原因。

第一章
从巅峰开始，贝利时代（上）

> 一个注定将书写巴西足球历史的超级球星已经诞生，巴西队将因此一飞冲天，贝利也让10号球衣从此变得与众不同。
>
> ——引语

巴西队

◆ 足球王国的种子

既然巴西被称为"足球王国",那么第一个将足球带到巴西的人自然立下了首屈一指的汗马功劳,有趣的是,这个"第一人"是谁至今没有定论。

关于巴西足球的起源,有些说法和其他国家的足球历史一样,巴西足球的种子也由英国人播撒,而有些说法则是德国人将足球带到巴西。

至少在目前的官方版本中,第一个让足球在巴西土地上滚动的人,是查尔斯·米勒。查尔斯·米勒出生在巴西,他的父亲是苏格兰人,母亲是拥有英国血统的巴西人。1884年,10岁的查尔斯·米勒被送往英国南安普敦的班尼斯特皇家学校,在那里,查尔斯·米勒学会了踢球。

经过了十年的寒窗苦读,查尔斯·米勒返回巴西,和父亲一样在圣保罗铁路公司工作。相较于工作,查尔斯·米勒还是更喜欢踢球。回到巴西的时候,查尔斯·米勒的行李箱里就带了两个足球、一双足球鞋、一本足球规则书、一个打气筒和几件球衣。

就这样,足球从查尔斯·米勒的行李箱里一跃而出,逐渐变成了圣保罗当地最受欢迎的运动,无数的爱好者渐渐地将足球的魅力扩

第一章 从巅峰开始，贝利时代（上）

散到了巴西全国。

随着足球运动在巴西蓬勃发展，看到当时周边各国都有了代表国家的球队，巴西足坛也不甘落后。于是，在1914年8月，当时名为巴西体育联合会的巴西足球协会（简称"巴西足协"）正式成立。

巴西队被国际足联承认的第一场比赛，发生在同年的9月20日，巴西队前往布宜诺斯艾利斯挑战阿根廷队，以0:3完败于阿根廷队。

与后来的成功相比，巴西队早期的表现并不亮眼。

在频繁输掉与周边国家的球队的友谊赛之后，巴西队在1919年才迎来第一次成功，在巴西举办的南美足球锦标赛（美洲杯前身）上，巴西队夺得了冠军。不过，在南美洲之外，巴西队长期没有存在感。

世界杯时代之前的奥林匹克运动会（简称"奥运会"）足球赛事，巴西队从未参加。到了1930年世界杯，巴西队应邀参加，但在小组赛后，巴西队排名在南斯拉夫队之后，没能晋级淘汰赛。

此后的1934年世界杯，巴西队还是一样，第一轮便以1:3不敌西班牙队，早早踏上了回国的旅程。

到了1938年世界杯，巴西队终于踢出了应有的风范。

击败了波兰队和捷克斯洛伐克队之后，巴西队在半决赛以1:2输给了意大利队。最终，巴西队在季军赛4:2击败了瑞典队之后，获得了1938年世界杯的季军。

巴西队

实际上，巴西队本有希望在这届世界杯取得更好的成绩，有传言说是意大利独裁者贝尼托·墨索里尼在背后施加了影响力，从而保障意大利队夺得冠军，巴西队则因此成为牺牲品。

当然了，和此前的表现相比，这时的巴西队的表现有了质的飞跃，这显然是巴西队历史上一次有意义的成功，但最大的成功，发生在两年之后。

◆ "马拉卡纳惨案"

1940年10月23日，贝利出生在巴西的特雷斯科拉松伊斯。

贝利本名叫作埃德松·阿兰特斯·多·纳西门托，之所以有了"贝利"这个绰号，是因为贝利的父亲曾在家乡的球队踢球，但总是很难在比赛中攻破圣洛伦索队的球门。

那时，为圣洛伦索队把守球门的门将叫比利，很多小孩子为了激怒贝利，就叫其"比利"，但小孩子的发音并不标准，久而久之"比利"变成了"贝利"。

而这些小孩子之所以要激怒贝利，原因无他，只因贝利的球踢得太好了。在贝利家乡的街道上，他打遍天下无敌手，然而在世界脱离战火纷扰、

第一章 从巅峰开始，贝利时代（上）

足球重新成为主旋律之际，全体巴西足球人却遭受了一次沉重的打击。

1950年，第二次世界大战结束之后的首届世界杯在巴西举办。作为东道主，巴西队在小组赛阶段顺风顺水，分别以4∶0和2∶0战胜了墨西哥队和南斯拉夫队，以2∶2战平了瑞士队，获得了小组第一名的成绩，晋级下一阶段的比赛。

1950年世界杯的赛制比较特殊，四个小组的第一名晋级之后，还要进行彼此之间的单循环比赛，按照积分的高低来决出最后的冠军。

巴西队在前两场比赛取得了毫无悬念的大胜——分别以7∶1和6∶1大胜瑞典队和西班牙队，在还剩一场比赛的情况下，牢牢占据着榜首的位置。排在第二名的乌拉圭队，同期仅取得了1胜1平的战绩。

最后一场比赛，巴西队只要在马拉卡纳体育场不输给乌拉圭队，就可以历史首次夺得世界杯冠军。在当时的外界看来，这个可能性是相当大的。

为了见证这一重要时刻，根据官方计算，17.4万名观众涌入了体育场。实际上，体育场内的人数很可能突破了22万。

在这样的主场优势的帮助下，巴西队的表现一度相当不错，在比赛进行到第47分钟时，阿尔比诺·弗里亚萨打进一球，帮助巴西队取得了领先。看起来，巴西队赢得比赛、夺得冠军已经是板上钉钉的事情了。

然而，就在比赛接近尾声的时候，乌拉圭队连进两球，阿尔伯

巴西队

特·斯奇亚菲诺和阿尔西德斯·吉贾的进球让比赛的结果被彻底改写。

乌拉圭队打进第二球后,观众席上一片死寂。主裁判吹响比赛结束的哨音,那几乎就是场上最响亮的声音,乌拉圭队最终以2∶1获胜。

这场比赛被称为"马拉卡纳惨案",从这个名字就足以见得这场比赛对巴西足球的伤害程度之深。巴西剧作家纳尔逊·罗德里格斯后来说过:"每个地方都有无可挽回的国家灾难。我们的灾难,就是1950年被乌拉圭队击败。"

而在巴西国内,无论是不是巴西队的球员,都在这次失败中遭到了沉重的打击。于是,在1954年世界杯上,在预选赛和小组赛都表现得相当稳健的巴西队,到了1/4决赛便以2∶4输给了匈牙利队。

由于在比赛中始终处于落后的局面,巴西队球员的火气难以压抑,他们将火气通过一连串的暴力动作发泄了出来,这使得匈牙利队球员的火气也被拱了起来。双方球员在场上大打出手,甚至在比赛结束之后,他们在更衣室里也拳脚相向,冲突严重到一度需要匈牙利的安全警察拿出警棍、拔出手枪才能予以制止。

很显然,巴西队需要一位英雄来帮助自己走出困境,只不过让人没有想到的是,这位英雄如此年轻。

1956年,贝利仅通过一次试训,就打动了巴西的桑托斯队。6月,贝利与桑托斯队签下职业合约;9月,贝利代表球队的一线队首次出场，并且收获了处子球。

在1957年7月7日，贝利获得了代表巴西队出场比赛的机会。这场比赛，年仅16岁零8个月的贝利打进了其代表巴西队的第一球，至今，贝利依然是巴西队历史上最年轻的进球者。这场比赛，巴西队以2∶1击败了阿根廷队。

◆ 一个英雄的舞台

1958年世界杯差一点儿就没有了贝利的身影。

受到"马拉卡纳惨案"的影响，在巴西队出征1958年世界杯之前，巴西足协特意聘请了一位心理专家，球员需要接受心理专家的评估，根据评估结果，巴西足协才会对球员做出征召与否的决定。

当时，贝利在满分为123分的测试中只得到了68分，心理专家给出的建议是"贝利显然很幼稚，缺乏必要的战斗精神。他还太年轻，无法感知到压力，自然也无法以足够的能力做出应对……我认为不应该征召他。"

在多年之后接受采访时，贝利并没有反驳这样的判断。因为他也觉得当时的自己并没有感到很沉重的责任感，他只想着玩，一切都只不过是一场比赛，或是一场派对。

巴西队

在贝利看来，巴西队内经验更丰富的球员，比如迪迪、尼尔顿·桑托斯和吉尔马尔会承担更多的责任。这一点所言不虚。

1958年世界杯预选赛，巴西队只需要在两回合战胜秘鲁队即可。但在首场比赛以1∶1战平之后，回到主场的巴西队又背负上了压力，最终凭借迪迪的进球，巴西队才以1∶0战胜秘鲁队，从而晋级1958年世界杯正赛。

受到膝盖伤势的影响，贝利在小组赛的前两场都没有登场。在这两场比赛中，巴西队先是以3∶0战胜了奥地利队，然后以0∶0战平了英格兰队。

1胜1平的战绩让巴西队感到担忧，因为在小组赛第三场，巴西队将要面对体能出色、被视为本届世界杯夺冠热门之一的苏联队。鉴于这样的情况，尼尔顿、迪迪等经验丰富的球员找到了主教练维森特·菲奥拉，他们建议将贝利、加林查、齐托列入首发名单，并在比赛一开始便大举进攻。

这两个被采纳的建议都达到了效果，巴西队在比赛开始第2分钟便由瓦瓦破门，而贝利也在下半场助瓦瓦打进第二球。巴西队以2∶0战胜苏联队，以小组第一名的成绩晋级淘汰赛。

1958年世界杯淘汰赛，是属于贝利一个人的舞台。

1/4决赛，巴西队对阵威尔士队。对手实力不强，但巴西队打得很艰苦，直至比赛的第66分钟，巴西队才打破场上僵局，为巴西队取得进球的，正是贝利。

第一章 从巅峰开始，贝利时代（上）

贝利在禁区内用胸部接到队友的传球，不等球落下，直接用一个挑球过人的动作转身射门将球打进。

长期以来，贝利都认为这个进球是他职业生涯中最美丽的进球。

凭借贝利的进球，巴西队以1∶0战胜威尔士队，来到了半决赛的舞台。在这片舞台上，等着巴西队的是法国队。

当时的法国队势头相当强劲，尤其是朱斯特·路易斯·方丹，他在此前的4场比赛里为法国队打进8球，脚下的感觉十分火热。

面对这样的前锋，巴西队也难免出现失误。比赛第9分钟，巴西队就被方丹打进一球，但在瓦瓦和迪迪的进球帮助下，巴西队还是以2∶1结束了上半场比赛。下半场比赛，贝利在23分钟内上演了帽子戏法，直接终结了本场比赛的悬念。罗杰·皮安托尼在比赛尾声为法国队打进第二球，让比分定格在了5∶2。

1958年6月29日，时隔8年，巴西队再一次来到了距离世界杯奖杯最近的地方，贝利也以17岁零249天的年龄成为参加世界杯决赛最年轻的球员。

面对东道主瑞典队，巴西队开场不久便一球落后，尼尔斯·利德霍尔姆的进球让巴西队球员背负上了压力。这个时候，瓦瓦站了出来，他用梅开二度帮助巴西队在上半场比赛就完成了比分的逆转。

2∶1的比分显然不够保险，尤其是对于有着心理压力的巴西队来

巴西队

说。这时，应该是英雄横空出世的时候了。比赛第55分钟，尼尔顿送出传中球，贝利接过球后将球挑过瑞典队后卫，不等球落地直接抽射破门，打进了巴西队极为盼望的第三球。

这一球，让巴西队彻底放松下来，"马拉卡纳惨案"的痛苦一页，终于翻了过去。

在此后的时间里，马里奥·扎加洛打进第四球，瑞典队则扳回一球。但在常规时间的最后一分钟，贝利用头球的方式攻入了巴西队的第五球，从而让巴西队以5∶2击败瑞典队。

历史首夺世界杯冠军的荣誉如此到来，年轻的贝利情难自已。穿着10号球衣的贝利靠在队友的肩膀上失声痛哭，这成为那届世界杯的经典画面。

一个注定将书写巴西足球历史的超级球星已经诞生，巴西队将因此一飞冲天，贝利也让10号球衣从此变得与众不同。

在1958年世界杯开幕之前，巴西足协在向国际足联提交巴西队球员名单时，忘记了在球员的名字后面标记球衣号码。

于是，国际足联代替巴西足协分配了球员的号码，这是贝利身穿10号球衣的原因，而贝利发挥得如此出色，也使得身上的10号球衣被后世赋予了球队核心的特殊意味。几乎每一个球员在童年学习踢球时，都会怀揣着穿上10号球衣的梦想。

也是从这一届世界杯开始，贝利成为巴西队当之无愧的核心。

第二章

从巅峰开始,贝利时代(下)

根据规则,夺得三届世界杯冠军的巴西队将无限期保留冠军奖杯——雷米特杯,贝利也就此成为唯一夺得三届世界杯冠军的球员。

——引语

巴西队

◆ 小鸟？来自哪个星球

1958年世界杯之后，巴西队打败了自己的心魔，贝利则吸引了来自全世界俱乐部的目光。

包括皇马队、尤文图斯队、国际米兰队、曼彻斯特联队等诸多欧洲豪门俱乐部都曾试图签下贝利，但都没有成功。为了不让贝利前往国外踢球，巴西政府在1961年通过了一项法案，宣布贝利为"不可出口的国宝"，禁止贝利在没有得到政府许可的情况下出国踢球。

在如今，类似的决定只会让优秀的球员变得泯然众人，但在当时，贝利并没有受到影响。

从1958年到1962年，贝利的日子非常繁忙。

在贝利为桑托斯队征战正式比赛的同时，球队不断地收到来自欧洲、美国的巡回赛邀请。这一类巡回赛的日程相当紧张，平均两到三天就会踢上一场比赛，这样的比赛节奏不但让贝利保持住了自己的水准，而且还在这个基础上变得越来越好。

不过，这也让贝利的身体承受了很大的压力。

在1962年世界杯之前，贝利已经被公认为是全世界最好的球员，

第二章 从巅峰开始，贝利时代（下）

而作为1958年世界杯的冠军，巴西队也被认为很有希望在1962年世界杯成功卫冕。

无须参加预选赛的巴西队在小组赛遇到了墨西哥队、捷克斯洛伐克队和西班牙队。首场比赛，贝利的表现就相当出色。他先是在第56分钟助攻扎加洛破门，随后在第73分钟，贝利独自带球突破，连续过掉墨西哥队的4名防守球员，赶在其余对手上抢之前将球打入了球门死角。

凭借贝利的表现，巴西队以2∶0战胜墨西哥队，顺利迎来了开门红。然而在第二场比赛，贝利和巴西队遭到了打击。

对阵捷克斯洛伐克队的比赛，已经在第一场比赛被踢伤的贝利带伤上场，结果在一次远射之后他的伤势加重，巴西队也最终以0∶0和捷克斯洛伐克队战平。

比赛结束之后，贝利的伤情得到了确认，他将提前告别1962年世界杯。

巴西队只能接受这个结果，主教练选择让塔瓦雷斯·阿马里尔多代替贝利出场余下的比赛。

小组赛第三场比赛，阿马里尔多就上演梅开二度的好戏，帮助巴西队以2∶1击败了西班牙队，巴西队从而以小组第一名的成绩晋级淘汰赛。

巴西队

到了淘汰赛，为巴西队攻城拔寨的任务，需要交给同样十分优秀的加林查。

相对于普通人，加林查有着明显的身体缺陷。他的骨盆发育不平衡，由此导致左腿比右腿长了6厘米，而且左腿向外撇，右腿则向内。

万幸的是，这些身体缺陷没有影响加林查的运动表现，反而让他在盘带和控球时更容易影响对手的身体重心和防守判断。

这样的踢球风格，让他的"加林查"这个意为小鸟的绰号变得极为贴切，也极为深入人心。

在与贝利和加林查都有过交手的部分球员看来，加林查的能力甚至比贝利还要强，只不过，加林查的酗酒问题让其巅峰状态未能持续足够长的时间。但在1962年世界杯上，加林查还是向世人淋漓尽致地展示了自己。

在贝利受伤之后，加林查立刻变得严肃和认真了起来。巴西队对阵英格兰队的1/4决赛，加林查打进两球，助攻一次，帮助巴西队以3∶1击败了英格兰队。

这场比赛，加林查的表现非常出色，甚至在一次进攻中过掉了英格兰队的6名球员，让一向心高气傲的英格兰媒体也为加林查送上了赞扬之声。

加林查的精彩表现还没有结束。

第二章 从巅峰开始，贝利时代（下）

半决赛上，巴西队遭遇智利队。

比赛开始仅9分钟，加林查就用自己的左脚打进一球，随后在第32分钟，加林查再进一球，帮助巴西队将领先优势扩大到2∶0，奠定了巴西队取得胜利的基础。最终，巴西队以4∶2战胜智利队，迎来了蝉联世界杯冠军的机会。

赛后，智利媒体《信使报》在第二天的头版头条上，用一个疑问句作为报道智利队战败的文章标题：

"加林查来自哪个星球？"

虽然在对阵智利队的比赛尾声，加林查因为犯规被罚下场，但当时的世界杯还没有停赛的规则，所以加林查还是出现在了1962年世界杯的决赛舞台上。

只不过，当时的加林查正在发着高烧。

在体温高达38摄氏度时，加林查自然无法使出全力进攻，但他依然给捷克斯洛伐克队带来了大量的麻烦，而且在加林查之外，巴西队的其他球员同样向对方施加了不少压力。

凭借阿马里尔多、齐托和瓦瓦的进球，巴西队以3∶1战胜了捷克斯洛伐克队，夺得了第二座世界杯冠军奖杯，加林查也获得了1962年世界杯最佳球员和最佳射手两项荣誉。

当时的规则是，只有在世界杯决赛中登场的球员才有资格获得

巴西队

冠军奖牌。1978年,国际足联将获奖球员的范围修改为整支球队的球员,于是,贝利被追加颁发了1962年世界杯冠军奖牌。

◆ 加冕仪式之前的挫折

1962年世界杯的受伤缺席和最终夺冠的结果,让贝利对于之后的1966年世界杯尤为渴望。在这4年间,贝利跟随桑托斯队南征北战,他在全世界的球迷越来越多,不仅是球迷,贝利自己也希望能够再一次在世界杯的赛场上大展身手。

1966年世界杯,巴西队依然无须参加预选赛。虽然贝利、加林查等球员依然不算老,但巴西队也吸收了一些优秀的年轻球员,比如雅伊尔齐尼奥、爱德华多·托斯唐等人。

还不到26岁的贝利成为巴西队年轻球员的大哥,也成为对手球员重点盯防的对象。

1966年世界杯,巴西队与葡萄牙队、匈牙利队、保加利亚队被分在一组。

首场比赛对阵保加利亚队,巴西队的表现还不错,贝利和加林查各进一球,帮助巴西队以2∶0战胜对手,收获了开门红。

第二章　从巅峰开始，贝利时代（下）

但在这场比赛中，贝利又被对手踢伤，所以他没能参加巴西队第二场对阵匈牙利队的比赛。没有了贝利，加林查也不在最佳状态，巴西队以1∶3不敌匈牙利队，托斯唐打进一球，算是为巴西队挽回了一丝颜面。

这场失利，也是加林查代表巴西队出场比赛的唯一失利。

小组赛最后一场比赛，巴西队需要战胜葡萄牙队才能尽量增加自己的小组出线可能性。于是，伤势并未彻底痊愈的贝利披挂上阵，这自然让他成为被对手针对的对象。

在比赛中，葡萄牙队后卫连续对贝利犯规，导致他再次受伤，而在这之前，巴西队已经陷入了落后的局面。

根据当时的比赛规则，参赛球队不能换人，贝利只得带伤比赛，但他已经无法跑动，只能一瘸一拐地进行比赛。

巴西队自然没有希望取得胜利，最终以1∶3输掉了比赛。

这场失利让巴西队在小组赛只取得了1胜2负的战绩，排在小组第三名，早早地结束了1966年世界杯的征程。

实际上，巴西队在1966年世界杯上的糟糕表现早有预兆。

备战阶段，巴西队就饱受影响。巴西的各大俱乐部都希望自己的球员能够入选巴西队大名单，从而让俱乐部有更多的曝光度。在备战的最后几个月里，主教练维森特·费奥拉一度要带着46名球员一起训

巴西队

练,但只有22人能够参加世界杯。

这种程度的竞争无疑给球员和管理人员都造成了很大的心理压力,巴西队内部纷争不断。

除了成绩不佳之外,巴西队在1966年世界杯之后迎来了更大的打击:贝利宣布退出巴西队。

"我不想再参加世界杯了,因为我在世界杯上不走运,每次都在小组赛受伤,这已经是第二次了。"

在接受采访时,贝利对自己连续两次在世界杯小组赛受伤而感到沮丧和无奈,这样的过程和结果让贝利在心理上也受到了打击。

本来,贝利希望在1966年世界杯上好好表现,夺得冠军之后就告别巴西队,将自己愈发有限的精力专注于俱乐部的赛事上。如果只是没有夺冠,贝利说不定还想继续试一试,但既没有夺冠,还被对手弄伤,这让贝利失去了信念和动力。

但在那个年代,很多事情都身不由己。

20世纪60年代,巴西进入军政府时代。

虽然在军政府的管理下,巴西的经济发展走上了快车道,但人民群众依然有着诸多不满。因此,军政府特别希望贝利回到巴西队,参加1970年世界杯,从而让这个国家快乐起来。

1967年,贝利便不断收到巴西队的征召,也感受到了来自军政府

第二章　从巅峰开始，贝利时代（下）

的压力，这让贝利相当为难。最终在各种力量的推动下，贝利在1968年重返巴西队。

在1970年世界杯预选赛上，贝利参加了巴西队所有的6场比赛，他打进6球，帮助巴西队在这6场比赛中取得全胜，以小组第一名的成绩晋级到了1970年世界杯正赛。

在贝利的帮助下，托斯唐和雅伊尔齐尼奥的表现也很不错，打进10球的托斯唐还成为1970年世界杯预选赛的最佳射手。

虽然巴西队在预选赛表现强势，但主教练特莱·桑塔纳却引发了球队内部，尤其是贝利的不满。

贝利和桑塔纳之间的第一个分歧是前者在场上的位置：桑塔纳希望贝利出现在更靠前的中锋位置上，但贝利已经习惯了踢中锋身后的位置。

在当时的一次采访中，贝利表示，在以同样的方式踢了这么久的球之后，他无法立刻改变自己的踢球方式。

所以，两个人很早就显现了彼此合不来的征兆。贝利对教练的战术不满，而教练也在媒体上公开表示担忧贝利的近视情况。这样的内耗不会带来任何好的结果，所以贝利和桑塔纳之间只能有一人继续留在巴西队。

离开的人只能是桑塔纳。

巴西队

◆ "球王"加冕与足球王国

1970年世界杯开幕前的两个月,年轻的扎加洛接替了桑塔纳的巴西队主帅职务。

作为贝利在1958年和1962年世界杯上的队友,扎加洛显然能够得到贝利的支持,贝利也相信扎加洛能够做出对巴西队最好的决定。所以哪怕在最初被扎加洛安排在替补席,贝利也没有丝毫的怨言。

1970年世界杯小组赛,巴西队与英格兰队、罗马尼亚队、捷克斯洛伐克队被分在一组。首场比赛对阵捷克斯洛伐克队,巴西队的表现非常稳健,在罗伯托·里维利诺为巴西队扳平比分之后,贝利在第59分钟打进了巴西队的第二球,帮助巴西队反超了比分。

在比赛的剩余时间里,雅伊尔齐尼奥完成梅开二度的好戏,让巴西队以4∶1击败了捷克斯洛伐克队,有力地回击了赛事开幕前外界对巴西队的轻视和贬低。

年近30岁的贝利的确不像他18岁时那样活力十足,但贝利有了更多的经验,也有了更多出色的队友。

第二章　从巅峰开始，贝利时代（下）

第二场比赛，巴西队对阵1966年世界杯冠军英格兰队，这场比赛被外界视为"提前举行的决赛"。

比赛的精彩程度的确配得上外界的预测，两支球队打得难解难分，也都给对方制造了大量的麻烦，达到了棋逢对手的境界。

其中，最经典的例子就是在上半场比赛中，贝利接到雅伊尔齐尼奥的传中，将球顶向了英格兰队球门的死角。贝利觉得此球必进无疑，于是大喊了一声"进球了"，但就在球即将越过门线之际，英格兰队门将戈登·班克斯将球扑了出来。

这一球，贝利和班克斯都将自身的能力发挥到了极致，从而共同创造了一次漂亮的攻防战，班克斯的这一次扑救也被誉为"世纪扑救"。

不过，巴西队还是笑到了最后。比赛第59分钟，雅伊尔齐尼奥攻破了班克斯把守的球门，帮助巴西队以1:0击败了英格兰队。为雅伊尔齐尼奥送上助攻的，正是贝利。

取得两连胜之后，巴西队便再无压力。

小组赛最后一场比赛对阵罗马尼亚队，贝利梅开二度，雅伊尔齐尼奥攻入一球，为巴西队带来了三连胜，也将巴西队送到了淘汰赛。

在小组赛中，巴西队的进攻火力就可见一斑，而到了淘汰赛，这种

巴西队

火力没有丝毫减弱的趋势。

1/4决赛,巴西队以4∶2大胜秘鲁队,贝利虽然没有进球,但为队友送上了助攻,里维利诺、托斯唐和雅伊尔齐尼奥的表现同样依然出色。队友的发挥也让贝利避免再次经历在1962年和1966年世界杯上被重点盯防的特殊待遇。

从某种程度上来说,巴西队变成了一个真正的团队,而这样的表现,也延续到了半决赛。

在决赛前,巴西队首先需要击败乌拉圭队。

赛前,很多巴西队球员都想起了1950年世界杯的"马拉卡纳惨案",这让巴西队在比赛初期没能展现出此前的状态。第19分钟,乌拉圭队先行破门,更是让巴西队的年轻球员压力陡增。

这个时候,贝利站了出来。

作为场上的老大哥,贝利不断地盘带、控球、突破,直至被对手犯规。那个无所不能的贝利似乎又出现在了乌拉圭队球员的面前,从而有效地减轻了巴西队其他球员的压力。

从比赛的第44分钟开始,克洛多阿尔多、雅伊尔齐尼奥和里维利诺相继进球,帮助巴西队反败为胜,以3∶1击败了乌拉圭队。

在这场比赛中,虽然贝利没有进球,但在一次进攻中,贝利利用自己的跑动让出击的乌拉圭队守门员做出了错误判断,随后贝利追上球

第二章 从巅峰开始，贝利时代（下）

并转身射门，球从远门柱偏出。

这次没有进球的进攻依然在世界杯的历史上留下了浓墨重彩的一笔。

最后的决赛，巴西队迎战意大利队。

比赛的第18分钟，贝利就用头球攻破了意大利队的球门，为巴西队早早地奠定了胜利的基础。

虽然在上半场尾声，意大利队扳平了比分，但巴西队并未因此被打乱阵脚，依然在场上不断地制造威胁。

下半场比赛，热尔松打进了巴西队的第二球，贝利则分别为雅伊尔齐尼奥和卡洛斯·阿尔贝托送上助攻，让巴西队将比分定格在了4∶1上。

第三座世界杯冠军奖杯，就这样被巴西队收入囊中。

根据规则，夺得三届世界杯冠军的巴西队将无限期保留冠军奖杯——雷米特杯，贝利也就此成为唯一夺得三届世界杯冠军的球员。

由于贝利的出色表现，他被评为1970年世界杯的最佳球员，荣获世界杯金球奖。不过，在这届世界杯中的每一位巴西队球员的名字都足以被写入史册。

然而，最亮眼的还是巴西队的中前场五人组，热尔松、里维利诺、雅伊尔齐尼奥、托斯唐和贝利，这五名球员几乎包揽了巴西队在巴西队这届世界杯上的全部进球。

这支巴西队也被英国杂志《世界足球》评选为足球历史上最好的球队。而在这支有史以来最好的球队中,贝利是真正意义上的核心球员。

第三章
后"球王"时代,挣扎前行

> 从1970年到1986年的这16年的时间里,巴西足球陷入了史无前例的低谷,贝利和许多优秀球员的退役,让巴西队失去了引以为傲的最大优势——天才。
>
> ——引语

巴西队

◆ 当贝利告别之后

1971年7月18日,贝利踢完了其在巴西队的最后一场比赛。

巴西队对阵南斯拉夫队的这场比赛,贝利只踢了上半场便被换下。当贝利在体育场内绕场致意时,现场的球迷向贝利高喊加油,一架飞机也在此时飞过体育场的上空,带着一条写着"国王万岁"的横幅。

从1957年到1971年的这段时间,贝利为巴西队一共出战92场A级别比赛,打入77球。

所以,在贝利此后遭遇债务危机、重新走上球场之后,外界一度猜测贝利会参加1974年世界杯,但贝利很早就否定了这种可能性。

贝利在采访中说,最好在"每个人都希望贝利留下来的时候"退役,而不是在这之后,在"每个人都认为是时候了"的时候退役。

如此优秀的球员退出巴西队,显然给巴西队留下了一个巨大的难题。

1974年世界杯,巴西队无须参加预选赛,但抵达联邦德国的巴西队,和1970年世界杯的冠军队伍有了很大的不同。

第三章 后"球王"时代,挣扎前行

除了贝利离队之外,热尔松、阿尔贝托、菲利克斯和托斯唐都因伤缺阵,里维利诺和雅伊尔齐尼奥成为巴西队的领军人物。

如此剧烈的阵容变动,让巴西队的实力受到了严重的影响。

小组赛阶段,巴西队在前两场比赛中都没有取得进球,唯一的好消息就是没有输给南斯拉夫队和苏格兰队。

这样一来,最后一场比赛就变得尤为重要。为了取得更多的进球,也为了取得胜利,主教练扎加洛派上了更多的进攻手,从而以3∶0战胜了民主刚果队。而同小组的另一场比赛,苏格兰队和南斯拉夫队则以1∶1战平。

这个结果让南斯拉夫队、巴西队和苏格兰队都拿到了4个积分。最终,巴西队以1个净胜球的优势力压苏格兰队,以小组第二名的成绩晋级下一阶段。

1974年世界杯,赛制有所改变。

小组赛结束后,八支晋级的球队再被分为两个小组,两个小组的第一名进行决赛,两个第二名则进行季军赛。

虽然这一赛制不及淘汰赛激烈,但巴西队落入了对手为荷兰队、民主德国队和阿根廷队的"死亡之组"中。巴西队出现任何一点闪失,都有可能马失前蹄、酿成大错。

巴西队

在这一阶段,巴西队表现尚可,凭借里维利诺和雅伊尔齐尼奥的进球,巴西队分别以1∶0和2∶1战胜了民主德国队和阿根廷队。

同样,荷兰队也从这两支球队手中取得了胜利,所以小组第一名就将在巴西队和荷兰队之间产生,第三场比赛变得尤为关键。

在这场比赛中,巴西队感受到了欧洲各支国家队的快速进步。

因为拥有了像约翰·克鲁伊夫这样的优秀球员和"全攻全守"这样的先进战术,荷兰队在比赛中毫无疑问地占据了上风,而巴西队只能尝试着用球员已经退步的个人能力来与之抗衡。

虽然巴西队也曾创造出两次好机会,但都没有把握住,这让荷兰队在下半场打进的两球决定了这场比赛的最终结果。巴西队以0∶2输掉了这场比赛,最终只能以小组第二名的身份参加季军赛。

在季军赛上,巴西队球员的表现也有所下滑,波兰队球员格热戈日·拉托打进唯一进球,让巴西队只获得了第四名。

1974年世界杯,巴西队的实力显然不同于往日。

就像扎加洛在对阵荷兰队的比赛之后所说:"我特别赞扬巴西队球员的精神,尽管有些人在技术层面让我失望。"

巴西队能够进入1974年世界杯的四强,很大程度上取决于这一批球员的拼搏精神,但面对真正强大的对手时,巴西队失去了自己在技术层面的巨大优势,而这当然和众多球星的缺席有着直接的关系,尤其是贝利的退役。

那么,巴西队该如何迎接注定没有贝利的未来呢?

◆ "欧洲化"的巴西队

1974年世界杯之后,巴西足坛的很多人认为,巴西队应该坚持自己的风格,相信球员在球场上灵光乍现的时刻。但也有很多人认为,在没有了贝利,也没有贝利的接班人的情况下,巴西队应该向欧洲球队学习,依靠团队能力和战术设计来提高球队在竞争中的实力。

带领巴西队参加1978年世界杯的主教练克劳迪奥·库蒂尼奥,就是主张学习欧洲球队的一员。

在1978年世界杯的备战期间,克劳迪奥·库蒂尼奥接替了辞去主教练职务的奥斯瓦尔多·布兰当,成为巴西队的新任主教练。

上任之后,克劳迪奥·库蒂尼奥就向球队灌输了大量的战术要点,包括球员在跑位和传球时的选择,这在很大程度上源于荷兰队在1974年世界杯击败巴西队时采用的"全攻全守"战术。

为此,克劳迪奥·库蒂尼奥在征召球员时也引起了争议。被认为是当时巴西足坛最好的中场球员保罗·罗伯特·法尔考没有入选1978年

巴西队

世界杯的巴西队大名单,克劳迪奥·库蒂尼奥选择了以战斗精神始终高昂而著称的弗朗西斯科·赫苏伊诺·阿万齐。

很显然,相较于个人的灵光乍现,克劳迪奥·库蒂尼奥更看重球员对教练所布置战术的执行力。

通常来说,球队风格的转变在一开始都不会取得好结果,1978年世界杯的巴西队就是一个例子。

1978年世界杯小组赛,巴西队与奥地利队、西班牙队、瑞典队被分在一组。前两场比赛对阵瑞典队和西班牙队,巴西队仅仅获得了两场平局的结果。唯一的收获就是巴西队在对阵瑞典队的比赛里,由何塞·雷纳尔多打进了一球。

在出线形势岌岌可危的情况下,巴西队在第三场比赛终于取得了胜利。罗伯托·迪纳米特的进球帮助巴西队以1:0战胜奥地利队,这场胜利也让巴西队以1分的优势力压西班牙队,以小组第二名的成绩晋级第二阶段的比赛。

1978年世界杯的赛制和1974年世界杯相同,巴西队随后被分到了有波兰队、秘鲁队以及作为东道主的阿根廷队的这一组。

很显然,由于波兰队和秘鲁队实力不足,小组第一名将在巴西队和阿根廷队之间产生。

前两轮比赛,巴西队先是以3:0战胜了秘鲁队,随后又与阿根廷队以0∶0握手言和。在最后一轮比赛开打之前,巴西队和阿根廷队都取得了1胜1平的战绩,巴西队以1个净胜球的优势占据着领先地位。

最后一轮,巴西队与波兰队的比赛率先开始,凭借罗伯托·迪纳米特的梅开二度和内林霍的进球,巴西队以3∶1战胜了波兰队。巴西队不仅取得积分的领先,净胜球优势也扩大到了3球。

这意味着,阿根廷队需要至少净胜4球才能获得小组第一名,结果阿根廷队以6∶0大胜秘鲁队,将巴西队挤到了小组第二名的位置上。

和1974年世界杯一样,巴西队再次无缘决赛,只不过在季军赛中,巴西队以2∶1击败了意大利队,获得了1978年世界杯的季军。

很显然,巴西队成为赛制的受害者。

由于第二阶段的最后一轮比赛没有同时开始,作为东道主的阿根廷队便有了巨大的优势。不过,这一点也难以指摘,因为各场比赛的时间早在世界杯开幕前就已确定,巴西队只是刚好落入了这一境地。

相较于此,巴西队在小组赛的遭遇倒是凸显了阿根廷队对巴西队的防备。小组赛阶段,巴西队的三场比赛都在何塞·玛丽亚·米内拉体育场举行,这是整届世界杯期间草皮状态最差的体育场,赛事的主办方几乎没有维护这座体育场,这是巴西队在小组赛阶段表现不佳的一个重要原因。

巴西队

在遭受了所有的争议待遇之后,克劳迪奥·库蒂尼奥表示巴西队是1978年世界杯"道德层面"的冠军,他也因为这句话而名声大噪。率领阿根廷队夺得1978年世界杯冠军的教练路易斯·梅诺蒂如此回应:"我祝贺我的同事克劳迪奥·库蒂尼奥获得了'道德冠军',我也希望他祝贺我获得了真正的冠军。"

所以,巴西队的第一次"欧洲化"并不成功。

尽管如此,克劳迪奥·库蒂尼奥还是带领巴西队征战了1979年美洲杯。不过,随着巴西队在半决赛被巴拉圭队淘汰,克劳迪奥·库蒂尼奥的巴西队主帅工作也提前结束,巴西队"欧洲化"的尝试也随着克劳迪奥·库蒂尼奥的下课而告一段落。

1980年2月12日,巴西足协任命特莱·桑塔纳重新担任巴西队主帅。

上任之后,特莱·桑塔纳立刻开始对球队进行改造,最大的变化就是技术型球员的大量入选,除了济科之外,法尔考、苏格拉底很快就成为巴西队在中前场的主力球员。

那支表现让人眼花缭乱、目不暇接的巴西队又回来了。

第三章 后"球王"时代，挣扎前行

◆ 漂亮的桑巴足球

1982年世界杯预选赛的最后两场比赛赛，巴西队打进8球，变化非常明显。尤其是最后一场，凭借济科、苏格拉底等人的进球，巴西队以5∶0大胜委内瑞拉队，一改此前进攻不力的状态。

凭借这些优秀球员的表现，特莱·桑塔纳所推行的足球风格让巴西国内乃至全世界的球迷着迷，巴西队的打法优美而迷人，巴西队也被誉为当时最好的球队。因此，巴西队被视为1982年世界杯的夺冠热门球队之一。

小组赛阶段，巴西队在第一场比赛中稍显局促，出现了很多失误，也被苏联队率先取得进球。下半场比赛，苏格拉底为巴西队扳平比分，埃德尔则在比赛的第88分钟打进反超比分的一球，帮助巴西队以2∶1收获了开门红。

此后的两场比赛，巴西队分别以4∶1和4∶0战胜了苏格兰队和新西兰队。济科在这两场比赛中打进3球，法尔考也有2球入账，巴西队球员的表现显然步入了正轨。

1982年世界杯，由于参赛球队的数量扩大到了24支，所以小组赛阶段出现了6个小组。12支球队从小组赛晋级之后，继续被分为4个小

巴西队

组，4支获得小组第一名的球队将跻身四强。

在第二阶段，巴西队与意大利队、阿根廷队被分在一组，这又是一个真正意义上的"死亡之组"，但是第一场比赛，巴西队以3∶1战胜了阿根廷队。

三个进球，个个精彩，巴西队用出色的表现报了1978年世界杯的一箭之仇，也让年轻的迭戈·马拉多纳尝到了痛苦的滋味。

由于阿根廷队连续输掉了两场比赛，所以小组第一名将在巴西队和意大利队之间产生，第三场比赛的结果将直接决定谁能晋级四强。

这场比赛非常符合外界对两支球队的固有看法，比赛的大部分较量都在意大利队的禁区前沿展开。济科、苏格拉底和法尔考等巴西队球员不断地寻找和制造着进攻机会，意大利队则依赖防守端的发挥让巴西队一次次无功而返，并且利用巴西队的失误来进行反击。

比赛刚刚开始了5分钟，保罗·罗西就为意大利队首开纪录，7分钟后，苏格拉底就扳平比分。这样的进球顺序在此后的时间里再次出现，保罗·罗西的进球使意大利队再次超出比分，法尔考则在下半场把比分再度扳平。

最终，保罗·罗西打进了意大利队的第三球，而巴西队这一次未能扳平比分，以2∶3输给了对手，以小组第二名的成绩被淘汰出局。

第三章 后"球王"时代,挣扎前行

这场在萨里亚体育场举行的比赛,被巴西媒体称为"萨里亚惨案"。

在外界看来,济科、苏格拉底和法尔考等球员已经在竭尽全力地展现巴西队的独有特点——以个人能力为基础,以团队配合为手段,用持续的进攻来取得胜利。这支巴西队也被外界视为"可能是从未夺得世界杯冠军的最伟大的球队"。

如果这样一支巴西队都无法夺冠,那么巴西足球的理念或许就真的到了该改变的时候了。

在接受采访时,苏格拉底曾经如此描述1982年世界杯上的巴西队:"我们是一支非常出色的球队,踢得很开心,但保罗·罗西只用三次触球就上演了帽子戏法。我们所知道的足球在那一天消亡了。"

对于许多巴西教练来说,1982年的那支巴西队未能夺得世界杯冠军,证明了已经存在了一段时间的想法:由于中场区域的空间越来越小,足球的未来在于反击,而不是精心设计的中场传球。

1982年世界杯结束后,巴西队陷入了混乱。

仅仅在主教练的位置上,4年的时间里就出现了4次更替,球员也是来来走走,很难保持稳定的状态。于是在1986年世界杯预选赛开始的前两周,特莱·桑塔纳第三次成为巴西队主帅,他征召了1982年世界杯的部分主力球员,以2胜2平的战绩,在对手为巴拉圭队和玻利维

巴西队

亚队的这个小组中拿到头名的成绩。

虽然巴西队在预选赛中的表现不错，但在1986年世界杯即将开幕之前，巴西队的前景并没有被外界看好。一方面，特莱·桑塔纳的战术思路在4年前就被证明已经过时，另一方面，1982年世界杯上的几位主力球员在1986年都不在最佳状态，比如济科。

1985年，济科的十字韧带受伤，在接受手术治疗后，他花了9个月的时间才完全康复。然而在与智利队的友谊赛上，刚刚伤愈复出济科又扭伤了脚踝，这让济科萌生了退出巴西队的想法，但被主教练说服继续比赛。

很显然，这种状态让巴西队很难能打出好的成绩，不过在1986年世界杯小组赛面对实力有限的对手，巴西队还是在与西班牙队、阿尔及利亚队和北爱尔兰队的比赛中拿到了全胜的战绩。

但很多人都看得出来，巴西队的体系其实相当脆弱。

1/8决赛，巴西队的对手是波兰队。在波兰队面前，巴西队球员的个人实力依然具备优势，凭借苏格拉底等人的进球，巴西队以4∶0战胜波兰队，晋级八强。

下一场比赛，巴西队就将面临真正的考验，因为巴西队的对手是米歇尔·普拉蒂尼率领的法国队。

这场1/4决赛几乎可以称得上是1986年世界杯最精彩的比赛。

第三章 后"球王"时代,挣扎前行

由于两支球队都拥有很多优秀的球员,所以两支球队都在比赛中发挥出色,屡有亮点。比赛第18分钟,安东尼奥·卡雷卡为巴西队首开纪录,但在上半场临近结束时,普拉蒂尼为法国队扳平了比分。

下半场比赛,巴西队稍占优势,但济科没能将获得的点球罚进,这使得1∶1的比分一直保持到了加时赛结束,两支球队需要通过点球大战来分出胜负。

在点球大战中,尽管普拉蒂尼罚丢了点球,但巴西队出现的失误更多,苏格拉底和儒利奥·塞萨尔·达席尔瓦的点球都未能罚进,巴西队止步于1/4决赛。

1986年世界杯的失败,意味着济科、法尔考、苏格拉底等人失去了最后一次夺得世界杯冠军的机会,他们不得不悲伤地告别这项巴西队曾经无比风光的赛事。

从1970年到1986年的这16年的时间里,巴西足球陷入了史无前例的低谷,贝利和许多优秀球员的退役,让巴西队失去了引以为傲的最大优势——天才。

天才之所以被称为天才,就是因为其稀缺性。这些极其优秀的球员不是韭菜,不会一茬接一茬地自然生长出来,那么在没有天才的年代里,巴西足球该如何保持竞争力?

这成为巴西队在这16年里的最大问题,而这一问题随着济科、法

巴西队

尔考、苏格拉底这批优秀球员没能夺得世界杯冠军,已经有了答案:既然重新拥有了优秀球员的巴西队无法顺理成章地夺得世界杯冠军,那么巴西队就必须变得强硬起来,而不能仅满足于踢出一场好看的比赛。

于是,在这两种风格中找到平衡,就成为巴西队的难题。

第四章

第四次世界杯夺冠

> 这就是巴西足球,哪怕24年没有夺得世界杯冠军,巴西足球人依然希望看到巴西队酣畅淋漓的进攻。哪怕用防守夺得了冠军,巴西足球人依然不会感到完全满意。
>
> ——引语

巴西队

◆ 光明前的暗夜前行

虽然在1986年到1990年之间只是短短的4年时间,但在这4年的时间里,巴西队发生了翻天覆地的变化。

1989年,巴西队夺得了美洲杯冠军。这是巴西队自1949年以来,再一次在这项赛事上夺得冠军,也是在1970年世界杯夺冠之后,巴西队又一次品尝到了冠军的滋味。

美洲杯之后的1990年世界杯预选赛,巴西队与智利队、委内瑞拉队被分在同一组。4场比赛,巴西队取得了3胜1平的不败战绩,轻松地取得了1990年世界杯的参赛资格。

很显然,这位名为塞巴斯蒂奥·拉扎罗尼的巴西队新任教练,彻底改变了巴西队的模样。然而,1990年世界杯上的巴西队也让人相当陌生。

1990年世界杯小组赛,巴西队与哥斯达黎加队、苏格兰队和瑞典队被分在同一组。

严格来说,这个小组内没有一支球队有实力与巴西队抗衡,巴西队获得小组第一名的结果从一开始便已注定。最终,巴西队获得了全胜的战绩,拿到了小组第一名。

不过,在这3场比赛中,巴西队只打进了4球。对阵哥斯达黎加队和苏格兰队的比赛,巴西队都是1∶0的小胜;对阵瑞典队,巴西队也只比对手多进1球,比分只是2∶1而已。

除了进球数据的大幅缩水之外,巴西队也在这届世界杯第一次采用了"352"阵形,这自然给球队带来了稳固的防守,但就像已经退役的里维利诺所说:"我们的阵形非常保守,对阵瑞典队时,巴西队不需要那么多人出现在后场。"

名宿如此评价,球员也在沉重的防守职责中疲惫不堪,几乎只有拉扎罗尼认为巴西队处于正轨之中。

在接受媒体的采访时,拉扎罗尼以巴西队在1982年和1986年世界杯的经历为例,表达了比赛场面好看并不一定是件好事的观点:

"现在球员踢得很保守,但是如果我们继续以1∶0取胜,我们会成为冠军。"

结果在1/8决赛,巴西队不敌阿根廷队,在没有防住马拉多纳和克劳迪奥·卡尼吉亚连线的同时,自己没有取得任何进球,以0∶1被淘汰出局。

这场比赛结束后,拉扎罗尼依然认为自己的战术没有任何问题,在他看来,巴西队输球的原因是球员错过了一些不该错过的进球

巴西队

机会。

这样的态度和所展现出来的战术思想，都使得拉扎罗尼不可能继续执教巴西队。但是，在短短的一年之间，巴西队从1989年美洲杯冠军变成1990年世界杯十六强，出现如此巨大的反差，必定还有一个重要的原因。

这个原因，是罗马里奥。

1989年美洲杯，23岁的罗马里奥打进3球，和贝贝托组成了巴西队强大的锋线组合。尤其是罗马里奥在决赛中攻入全场唯一进球，帮助巴西队以1∶0击败乌拉圭队，更是凸显了他的关键作用。

然而，在1990年世界杯开幕前的3个月，罗马里奥遭受重伤。虽然他付出了一切努力，及时康复并得以入选巴西队大名单，但由于身体状况不佳，罗马里奥只在对阵苏格兰队的比赛中上场了66分钟，没有收获进球。

如果拥有一个健康的罗马里奥，巴西队在1990年世界杯的剧情很可能是另外一番模样，原因很简单：

罗马里奥就是巴西队等待的又一位天才球员。

第四章　第四次世界杯夺冠

◆ 巴西队的新"救世主"

1966年，罗马里奥出生在巴西的里约热内卢。

和众多巴西孩子一样，罗马里奥在沙土地和室内足球场学会了踢球，而且在很早的时候就展现出了极高的天赋，哪怕面对比自己高大、强壮的大孩子，他也能从容应对。

1979年，罗马里奥开始接受职业足球的训练，然而，罗马里奥实际上没有太多可以训练的内容，因为几乎在他所属的年龄段中的每项赛事，罗马里奥都能成为冠军得主和最佳射手。

1985年，罗马里奥就代表巴西U20队夺得了南美U20足球锦标赛冠军，自己也当选了赛事的最佳射手。

不过，在那个时候，罗马里奥已经遇到了影响其职业生涯发展的问题：他从来不是一位兢兢业业的职业球员。

在训练中，罗马里奥经常不遵守纪律，而且也不认真投入；在球场外，罗马里奥也很容易惹是生非。所以基于以上的种种原因，罗马里奥没能参加在苏联举办的1985年世界青年足球锦标赛。

不过，只要到了比赛中，罗马里奥从来都无须教练担心。

巴西队

1990年世界杯结束之后，巴西足协决定对巴西队进行改革，首要的工作就是确定主教练。

在当时，巴西足协试图复制联邦德国队在1990年世界杯上的成功经验，也就是选择一位让球员和球迷都心服口服的国家队名宿来担任教练，哪怕这位名宿没有丰富的执教经验。

联邦德国队很容易就能找到弗朗茨·贝肯鲍尔，因为在球员时代，作为球队队长的贝肯鲍尔就展现出了其强大的管理能力。但在巴西队的名宿当中，很少有人具备类似的能力和地位。

最致命的是，除了贝利之外，谁能让个个自命不凡的巴西球员心服口服呢？

于是，在1990年世界杯之后的第一任教练——法尔考，他在15场比赛中取得5胜7平3负的成绩，并在1991年美洲杯上带领巴西队输掉决赛后被巴西足协解雇。

为了弥补错误，巴西足协在之后选择了执教经验更为丰富、从1967年就开始担任教练的卡洛斯·佩雷拉。不过佩雷拉从未踢过职业足球，所以为了补齐他的这一短板，巴西足协让扎加洛担任佩雷拉的助理教练，帮助佩雷拉与球员之间保持顺畅的沟通。

这一决定看似平常，但非常重要。

1994年世界杯预选赛，巴西队与玻利维亚队、乌拉圭队、厄瓜多

第四章　第四次世界杯夺冠

尔队和委内瑞拉队被分在一组。

前两场比赛，巴西队都没能取得胜利，在客场以0∶0战平厄瓜多尔队之后，巴西队又以0∶2输给了玻利维亚队。

这两场比赛的结果让佩雷拉遭到外界的猛烈批评，甚至在球队内部，球员在私下都开始讨论佩雷拉何时会被解雇。

第三场比赛，佩雷拉征召了邓加这名作风强硬、防守凶狠，而且不苟言笑的中场球员。邓加的加入让巴西队的防守能力立刻得到提升，球队的表现也随之变好，最终在客场以5∶1战胜了委内瑞拉队。

第四场比赛，在客场面对乌拉圭队这样的强大对手，巴西队还是未能取胜，取得了一场1∶1的平局。

很显然，在提升了防守端的实力之后，巴西队需要一位王牌射手来提升进攻端的能力，这个人选只能是罗马里奥。

可是，佩雷拉不会轻易接受罗马里奥那种懒散的作风。

1992年，佩雷拉曾经征召罗马里奥参加对阵德国队的友谊赛，但由于后者在训练场上的表现不佳，佩雷拉将罗马里奥放到了替补名单里，没有罗马里奥的巴西队以3∶1获胜，这让佩雷拉有了一些底气。

然而，随着巴西队在预选赛中出现的一些问题，以及在巴西队球迷的巨大压力下，佩雷拉终于决定使用在俱乐部赛事中进球如麻的罗马里奥，后者也没有辜负教练难得的信任。此后的三场比赛，巴西队

95

巴西队

取得了三连胜,这意味着巴西队需要在最后一场比赛击败乌拉圭队,才能确保自己获得1994年世界杯的参赛名额。

这场比赛,罗马里奥梅开二度,帮助巴西队以2∶0取得关键的胜利。

本质上,外界对佩雷拉的批评和轻视,依然源自他没有做过职业球员的履历。

在巴西这个几乎人人都能踢上两脚球的国度,没有做过职业球员,却来执教巴西队,这是让很多人难以想象的事情。不过,佩雷拉的履历并不单薄,毕业于里约热内卢国立体育运动学院的佩雷拉在多支球队都担任过体能教练、助理教练和主教练。

1970年世界杯,佩雷拉就是巴西队的体能教练,在这之后,佩雷拉率领科威特队和阿联酋队分别闯入了1982年和1990年世界杯,这其实是相当出色的执教成绩。

只不过,巴西队球迷并不在乎这些远在天边的事情。

除此之外,佩雷拉令人诟病的一点就是其在战术中对防守的过度重视。

在1990年世界杯之后,因为拉扎罗尼所带领的巴西队表现糟糕,外界又开始认为用战术限制巴西队球员想象力的这条道路是行不通的。但是对于佩雷拉来说,坚固的防守才是夺冠的基础。

第四章　第四次世界杯夺冠

佩雷拉有一句名言："进球只是众多细节中的一个。"这句话清晰地阐述了其战术思想。

在磕磕绊绊的预选赛之后，巴西队球迷当然不会看好佩雷拉所率领的这支巴西队，所以在1994年世界杯开幕时，巴西队并未被外界视为夺冠的热门球队，这反而让巴西队得以在一种宁静、平和的气氛下开始这一届世界杯的神奇旅程。

◆ 不一样的王者之师

1994年世界杯小组赛，巴西队与瑞典队、俄罗斯队、喀麦隆队被分在一组。

首场比赛，巴西队迎来俄罗斯队的挑战。比赛第26分钟，罗马里奥就在角球进攻中收获进球，为巴西队首开纪录；下半场比赛，奥斯瓦尔多·德奥利维拉罚进点球，帮助巴西队以非常稳健的方式拿下了第一场胜利。

第二场比赛，罗马里奥再次扮演了"关键先生"。上半场比赛，在接到邓加的传球后，罗马里奥在喀麦隆队三名后卫的追赶中破门，为巴西队打进了第一球；下半场比赛，马西奥·多斯桑托斯和贝贝托各进

巴西队

一球，巴西队以3∶0轻取喀麦隆队。

两场比赛拿下全胜后，巴西队已经锁定了小组出线的名额。因此在对阵瑞典队的第三场比赛中，巴西队上下都非常放松，这让巴西队在比赛中不慎丢球。但在下半场比赛，罗马里奥以自己强大的个人能力打进了扳平比分的进球，让巴西队以1∶1和瑞典队战成平局，两支球队携手出线。

佩雷拉的巴西队虽然在小组赛中表现得相当稳健，但还是遭到了外界的不少批评，最大的批评声就是关于球队在后场布置了太多人手，踢得过于保守。

佩雷拉很清楚这一点，但他并不打算改变。

到了淘汰赛，防守变得更为重要，在1/8决赛面对美国队，巴西队依然按照既有的战术打法行事。这场比赛，巴西队将更多的注意力都放在了防守端，并未占据明显的优势，所以球队仅在第72分钟打入一球。

这一次，罗马里奥没有贪功。在美国队的禁区前沿，罗马里奥将球传给了贝贝托，从而让后者打进了全场比赛唯一进球，巴西队以1∶0晋级八强。

毫无疑问，这场比赛的表现势必会让巴西队再次遭到批评，毕竟美国队不是传统意义上的强队，巴西队球迷更希望看到水银泻地一般的进攻场面。

其实这场比赛非常特殊，因为1994年世界杯就在美国举行，而且比赛就在7月4日举行，这一天恰好就是美国的独立日。

稍有不慎，巴西队就会成为东道主球队创造历史的垫脚石，佩雷拉的战术让这一切没有发生。

1/4决赛，巴西队球迷所希望看到的进球大战终于来了。

巴西队面对荷兰队依然在执行防守反击这一基本战术计划，但在防守端，巴西队出了一些问题。

上半场比赛波澜不惊，两支球队都没有取得进球。比赛进行到第52分钟时，巴西队通过一次长传突破到了荷兰队的后场，罗马里奥接到队友的传中球破门得分，巴西队仅用两名球员就制造了这个进球。

10分钟后，贝贝托打进了巴西队的第二球，进球之后的贝贝托和罗马里奥一起跳起了摇篮舞，用这个进球来庆祝贝贝托的孩子降生，这一幕也成为1994年世界杯上的经典瞬间。

就在巴西队以为自己即将轻松取胜的时候，荷兰队掀起了进攻狂潮。

在短短的12分钟内，丹尼斯·博格坎普和阿隆·温特就各进一球，帮助荷兰队扳平了比分。这是巴西队在本届世界杯中第一次被对手追平比分，也是第一次在单场比赛中丢掉两球。

巴西队

不过，巴西队很快就展现了自己过硬的实力。比赛第81分钟，伊布莱姆·布兰科用一记大力任意球射门，再次攻破了荷兰队的球门，帮助巴西队以3∶2击败荷兰队，闯进半决赛。

在这场惊心动魄的比赛过后，巴西队球迷相当满意，曾经担任巴西队主帅的特莱·桑塔纳也分析道："这是迄今为止，巴西队在世界杯上表现最好的一场比赛。"

球迷看得酣畅淋漓，但作为主教练的佩雷拉并不享受，所以在半决赛前，佩雷拉特意强调了防守端的重要性，连丢两球这样的事情绝对不能再发生了。

至于进攻，有罗马里奥就好。

于是，在半决赛上，巴西队又回归了常态，顽强的防守让在小组赛中对阵巴西队还能打进一球的瑞典队屡屡碰壁，丝毫找不到进攻的方法。反倒是在比赛的第80分钟，罗马里奥在瑞典队的严密防守中收获了进球。

在高大的瑞典队后卫面前，身高只有1.69米的罗马里奥依然能够用头球破门，让人不得不惊叹罗马里奥神奇的进球能力。

不管外界如何评价，巴西队再次来到了世界杯决赛的舞台上，这是巴西队自1970年之后再一次拥有了触摸冠军奖杯的机会。

到了这个时候，就连巴西队球员也自愿执行战术要求，承担防守职责。

面对技术精湛的意大利队球员罗伯托·巴乔，佩雷拉决定改变战术。巴西队比在半决赛时踢得更加保守，因为佩雷拉认为不能将球队的缺点暴露在拥有速度快、技术精湛的球员的强大对手面前。

这样的战术反倒让巴西队打得更为犀利。

意大利队虽然拥有巴乔这样的球星，但终归是一支立足于防守端的球队，所以当意大利队掌控球权时，反而难以处理这种棘手的情况。

对于拥有罗马里奥的巴西队来说，只要夺回球权，就可以利用罗马里奥的个人能力来威胁意大利队的球门。

在这场比赛中，巴西队一共有22脚射门，其中大多数都出自罗马里奥的脚下，意大利队反而只有可怜的6脚射门。

进球可能性更大的巴西队没有取得进球，可能性更小的意大利队自然更难以取得进球。0∶0的比分一直持续到了加时赛结束，世界杯决赛将第一次通过点球大战来分出胜负。

点球大战的第一轮，意大利队和巴西队都未能罚进，随后的两轮罚球，两支球队则稳稳命中。

进入第四轮，意大利队球员达尼埃莱·马萨罗的点球被巴西队门将克劳迪奥·塔法雷尔扑出，邓加则将点球罚中。

巴西队

于是,下一个出场的巴乔背负上了巨大的压力,他必须罚进,意大利队才能保留夺冠希望。然而,巴乔射出的点球高出球门横梁,巴西队夺得了历史上的第四座世界杯冠军奖杯。

作为队长,以球风彪悍著称的邓加将冠军奖杯高高举起。这支巴西队和1970年时相比完全不同,以一种让人陌生的方式成为冠军。这支陌生的巴西队让其球迷又爱又恨。

就像托斯唐所说的,这支巴西队就像英格兰的球队一样,四个后卫加上四个中场,两个前锋被孤零零地摆在阵形的最前面,在巴西,没有球队这样踢球。但托斯唐也不得不承认,这是最有效的防守方式,因为四名后卫受到了四名中场的严密保护。

最终,托斯唐给出的结论就是这样:"在佩雷拉的带领下,1994年的巴西队并不令人着迷,但无论是个人还是集体,都非常强大。"

这就是巴西足球,哪怕24年没有夺得世界杯冠军,巴西足球人依然希望看到巴西队酣畅淋漓的进攻。哪怕用防守夺得了冠军,巴西足球人依然不会感到完全满意。

冠军不是最崇高的追求,进攻才是。

第五章

"外星人"领衔的梦时代（上）

在1998年世界杯开始前，看起来没有一支球队能够阻挡巴西队，能够阻挡巴西队的，只有巴西队自己。

——引语

巴西队

◆ 天才！天才！天才！

从某种角度来说，佩雷拉深知自己的足球风格不会得到巴西足坛的认可，哪怕自己帮助巴西队夺得了世界杯冠军。

所以，在1994年世界杯结束之后，佩雷拉就离开了巴西队主帅的位置，扎加洛顺理成章地成为继任者。

此时，罗马里奥认为夺得冠军的巴西队应该好好休息一下，这立刻激怒了扎加洛。扎加洛在采访中直言罗马里奥"缺乏对足球的热情"。

一支冠军球队中出现了将帅之间的嫌隙，这是没有人希望看到的一幕，但这也凸显了佩雷拉在背后付出了多少外人看不见的努力，才能尽量维持住这支球队。

一个很好的例子就是邓加。

1990年世界杯，在外界批评拉扎罗尼时，邓加是一个最好的切入口。作为一名中场球员，邓加始终不被巴西队球迷所欣赏。在外界的眼中，邓加技术粗糙，只会破坏，根本不应该入选巴西队，而且他不苟言笑的性格也让其得不到巴西队球迷的亲近和喜爱。

第五章 "外星人"领衔的梦时代（上）

1990年世界杯，拉扎罗尼允许球员带着妻子或女朋友一起前往意大利，但在全队当中，只有邓加独自前往，没有携带家眷。

当被媒体问到原因时，邓加只是冷冷地回复道："我来这里是为了夺得世界杯冠军，而不是为了享乐。"

如果这句话是从一个德国队球员口中说出来的，德国队球迷会立刻被这句话俘获。但一名巴西队球员如此回答，巴西队球迷只会认为这名球员非常无趣。

所以，在1990年世界杯结束之后，邓加饱受外界批评，其巴西队生涯一度面临终结的危险。多年之后接受采访，邓加表示1990年世界杯的失败让其刻骨铭心："4年来所有的罪责都记在我的名下，到了今天仍然如此。"

然而，佩雷拉发现了邓加的特殊作用，不仅将邓加重新召回巴西队，还让其成为队长。同时，佩雷拉还交给邓加一项特殊的任务：和罗马里奥住在一个房间。

这样一来，向来纪律涣散的罗马里奥就可以被邓加约束起来，从而把所有的劲头都用在比赛上。

很显然，在佩雷拉离开之后，巴西队这一系列脆弱的平衡都被打破。

1995年美洲杯，贵为1994年世界杯冠军的巴西队在决赛输给了

巴西队

乌拉圭队。1996年亚特兰大奥运会，巴西国奥队开除了罗马里奥，这使得球队在足球赛事上只获得了一枚铜牌。

连续的失败，让扎加洛的巴西队陷入了动荡，不过在这段时间里，巴西足球也在迎来一个又一个好消息：在1996年奥运会的足球赛事上，虽然没有罗马里奥，但世界记住了罗纳尔多和里瓦尔多这两个响当当的名字。

1972年4月19日，里瓦尔多出生于巴西的累西腓；1976年9月18日，罗纳尔多出生于里约热内卢。

两人的童年都在贫穷和饥饿中度过，尤其是里瓦尔多，其O型腿是典型的营养不良后遗症，但这些问题没有影响两人在足球场上展现出的惊人的天赋。

1990年，里瓦尔多就开始为圣克鲁斯队效力。两年的时间里，里瓦尔多为球队出场了40次，打进36球，贡献了一份漂亮的数据。

在这份数据的背后，还有一个更惊人的事实：当时的里瓦尔多被教练当作中场球员来使用。

所以，哪怕里瓦尔多距离对方球门远了一些，他还是能够有足以媲美前锋球员的表现。

而在同一时间，罗纳尔多更是远近闻名。

1990年，刚刚14岁的罗纳尔多就加盟了克鲁塞罗俱乐部。为球队效力期间，罗纳尔多共参加60场比赛，打入58球。

相较起来，罗纳尔多在巴西足坛的名气比里瓦尔多更大，所以在1994年世界杯，罗纳尔多入选了巴西队大名单，里瓦尔多则没有。

罗纳尔多虽然没有得到出场的机会，但还是随队获得了冠军的称号。

1994年世界杯结束之后，因为罗马里奥和扎加洛的关系不睦，罗纳尔多和里瓦尔多开始得到更多的机会，这让两人收获了更多的经验，从而迅速成长。

不过，到了联合会杯这样更加正式的比赛上，罗马里奥依然要重返巴西队。这样一来，扎加洛就必须在罗纳尔多和里瓦尔多之间做出取舍。

没有太多的疑问，扎加洛选择了罗纳尔多。

1997年联合会杯，巴西队在小组赛阶段获得了2胜1平的不败战绩，顺利晋级淘汰赛。

半决赛上，巴西队以2∶0击败捷克队，罗纳尔多和罗马里奥各进一球。到了决赛，这样的场景更是接二连三地上演，罗纳尔多和罗马里奥都上演了帽子戏法，帮助巴西队以6∶0轻松击败澳大利亚队，夺得了1997年联合会杯的冠军。

1997年美洲杯，罗纳尔多和罗马里奥的锋线组合也表现神勇，两

巴西队

人携手打进8球，帮助巴西队披荆斩棘，夺得了1997年美洲杯冠军。

这样的表现，让外界对巴西队在1998年世界杯上的表现极为期待。一个罗马里奥就已经帮助巴西队拿到了第四座世界杯冠军奖杯，再加上一个罗纳尔多，巴西队似乎将要势如破竹、毫无悬念地将世界杯冠军奖杯再次揽入怀中。

在1998年世界杯开始前，看起来没有一支球队能够阻挡巴西队，能够阻挡巴西队的，只有巴西队自己。

就在1998年世界杯开幕前，罗马里奥在训练中拉伤了自己的小腿肌肉。

尽管罗马里奥表示愿意配合医生的工作，认真治疗伤病，从而在淘汰赛阶段帮助巴西队。但在巴西足协提交球队世界杯大名单的最后一天，罗马里奥的名字还是被划去。

这一决定公布之后，罗马里奥召开了新闻发布会，他泪流满面地表示："这对我来说非常悲伤，非常失望。这是我一生中非常困难的时刻。"

失去罗马里奥，的确是对巴西队的一个重大打击，但扎加洛并不因此感到担忧，因为他相信里瓦尔多可以取代罗马里奥的位置。

就算不能，罗纳尔多也可以解决大部分的问题。

第五章　"外星人"领衔的梦时代（上）

◆ "外星人"究竟怎么了

比赛初期，事情的确在朝这个方向发展。

1998年世界杯，巴西队无须参加预选赛，直接被分在了挪威队、摩洛哥队和苏格兰队所在的小组中。这个小组没有一支球队能够与巴西队较量一番，所以在两轮小组赛结束之后，巴西队已经锁定了小组第一的名次。

首场比赛，巴西队凭借塞萨尔·桑帕约的进球和苏格兰队球员汤姆·博伊德的乌龙球，以2∶1战胜了苏格兰队。这场比赛，上演世界杯首秀的罗纳尔多还在适应着世界杯的比赛强度，到了第二场比赛，摩洛哥队成为罗纳尔多的"刀下鬼"。

比赛开始仅仅9分钟，罗纳尔多就打进一球，上半场结束前，里瓦尔多为巴西队扩大比分优势。

比赛第50分钟，罗纳尔多展现了自己的超强实力。他在左边路得球之后，以蛮不讲理的加速直接完成了对防守球员的突破，赶在守门员封堵之前，将球传给了球门前的贝贝托，从而为巴西队制造了第三球，巴西队也以3∶0击败了摩洛哥队。

巴西队

只用了两场比赛就锁定了小组第一的名次，巴西队在第三场比赛中稍有放松。

在贝贝托为巴西队率先取得进球的情况下，巴西队在比赛的最后阶段连丢两球，以1∶2不敌挪威队。

当然，这一结果并未影响巴西队在小组内的名次，也没有影响到巴西队在淘汰赛的状态。1/8决赛，巴西队迎战智利队，在通过定位球进攻收获两球之后，巴西队踢得愈发放松，罗纳尔多随后梅开二度，帮助巴西队以4∶1轻松击败了智利队。

看起来，巴西队就要以这样火热的状态，一路冲向决赛了。

1/4决赛，巴西队的对手是丹麦队。

作为1992年欧洲杯的冠军，丹麦队实力仍在。比赛仅开始两分钟，马丁·约根森就为丹麦队首开纪录，但在9分钟后，贝贝托为巴西队扳平比分。

此后的比赛，双方都对对方的球门展开了猛烈的进攻，但终归是巴西队的能力更强。第27分钟，罗纳尔多在丹麦队禁区前沿助攻里瓦尔多，巴西队率先打进了第二球。但在下半场开场5分钟后，丹麦队也扳平了比分。

就在两支球队重新处于同一起跑线的情况下，里瓦尔多在第59分钟展现了自己的能力。他在禁区前张弓搭箭，用一脚远射洞穿了丹麦队的球门，又一次帮助巴西队超出比分，丹麦队则再也未能扳平比分。巴西队以3∶2战胜对手，闯入四强。

这场比赛的过程和结果，都和1994年世界杯1/4决赛极其相似。所以，哪怕巴西队的表现不如此前，巴西队球迷反倒更加开心。因为在冥冥之中，巴西队似乎又要按照4年前的剧本夺得世界杯冠军了。

半决赛，巴西队的对手刚好是1994年世界杯1/4决赛的对手——荷兰队。

和4年前相比，荷兰队有了更多的年轻才俊，对于巴西队来说，这自然增大了取得胜利的难度，但巴西队依然是率先进球的一方。比赛第46分钟，罗纳尔多接到对手在边路的传球，在荷兰队后卫的干扰和对抗下，将球打进了荷兰队的球门。

巴西队一直艰难地维持着1∶0的比分，但在比赛还有3分钟就要结束时，荷兰队的帕特里克·克鲁伊维特将比分扳平，也将巴西队拖入了加时赛。

加时赛当中，两支球队均无建树，于是，点球大战成为两支球队分出胜负的最后方式。在点球大战中，巴西队四罚皆中，但荷兰队却连丢两球，这让巴西队赢得了比赛，再次来到了世界杯决赛的舞台之上。

巴西队

看起来，形势大好的巴西队即将夺得第五座世界杯冠军奖杯，博彩公司开出的赔率也证明大家更看好巴西队。这样一来，巴西队很有可能将开启一段属于自己的王朝时代。

至于巴西队在决赛的对手——法国队，其唯一的优势就是法国队是东道主球队，在本土作战。

这场决赛被安排在法兰西体育场举行，晚上9点准时开赛。然而，晚上7点48分，在巴西队主教练扎加洛提交的巴西队首发名单当中，没有罗纳尔多的名字，替补前锋埃德蒙多顶替了罗纳尔多的首发位置。

很显然，这才是法国队手握的最大优势。

十多分钟后，来自全世界的媒体都得知了这一消息，整个媒体中心立刻乱成了一锅粥。大家都试图搞清楚：此前大杀四方的罗纳尔多为什么不在这场比赛中首发出战？

在晚上8点18分，巴西队又提交了一份经过修改的首发名单，罗纳尔多的名字重新出现。

两份首发名单出现的差异，引发了媒体对此的极度好奇。有些人认为巴西队只是单纯搞错了名单，有些人则认为巴西队想要扰乱法国队的战术布置，但更多的人都意识到，这背后肯定出现了问题。

毕竟，按照巴西队此前的表现，巴西队根本用不着出这样的"盘外招"，正常比赛，正常踢球，不出意外就可以夺得冠军。

第五章 "外星人"领衔的梦时代（上）

就在比赛即将开始、两支球队走进场地时，罗纳尔多是最后一个走出通道的巴西队球员。在播放巴西国歌时，转播镜头一直聚焦在罗纳尔多的身上，罗纳尔多几乎没有流露出任何的特殊情绪。

不过，当比赛哨声吹响之后，所有人都看出了罗纳尔多不对劲。

和此前的6场比赛相比，罗纳尔多在决赛中完全没有发挥出自己应有的实力，几次拿球都出现了明显的失误，这让巴西队的战术设计和其他球员都大受影响。

第27分钟，齐内丁·齐达内利用角球完成破门，为法国队敲开了胜利之门。而在上半场即将结束前，齐达内再次在角球进攻中收获一球，为法国队创造了两球领先的优势。

下半场比赛，尽管巴西队率先换人，但局势并没有好转。毕竟罗纳尔多的颓势仍在继续，法国队依然借此掌控着场上的局势。

随着时间的推移，法国队逐渐转为防守姿态，这让巴西队开始获得一些破门机会，但被法国队门将悉数挡出。在比赛的伤停补时阶段，法国队反倒利用反击打进了第三球，巴西队最后以0∶3输掉了比赛，屈居亚军。

这场比赛的结果，深深地刺痛了巴西队球迷，因为在决赛开始前，外界始终认为巴西队将毫无悬念地夺得冠军。

所以，在决赛前，罗纳尔多到底发生了什么？这成为1998年世界

巴西队

杯之后的最大悬念。

◆ 世界足坛未解之谜

1998年世界杯结束之后,巴西国民议会众议院议员组建了一个特殊调查小组,负责查清巴西队在决赛前出现的所有状况。

2001年1月,罗纳尔多出席了特殊调查的听证会。在这次听证会上,1998年世界杯决赛前的种种疑惑终于被解开。

根据罗纳尔多自己的说法,他在当天中午吃完午饭后,发现自己很困,所以打算回到房间小睡一会,但是一觉醒来,他发现很多人都围在自己身旁。

和罗纳尔多共住一个房间的罗伯托·卡洛斯告诉罗纳尔多,罗纳尔多在不久前发生了抽搐、痉挛、口吐白沫等症状,这是典型的癫痫发病时的症状。卡洛斯赶忙通知了队友和队医,大家进行了一番施救,罗纳尔多才苏醒过来。

尽管罗纳尔多恢复了意识,但队医还是决定将罗纳尔多带到外面的诊所,进行更详细的检查。经过检查,罗纳尔多没有出现器质性的问题,对于罗纳尔多能否出场比赛这个问题,巴西队内立刻出现了两种观点。

第五章 "外星人"领衔的梦时代（上）

一种观点认为罗纳尔多不能出场比赛，他甚至有在比赛中癫痫复发的可能性。起初，这一观点占据了上风，所以才有了第一份没有罗纳尔多，埃德蒙多首发的首发名单。但从诊所回来之后，罗纳尔多找到了主教练扎加洛，向后者表示自己的身体没有问题，同时也得到了队医的认可，扎加洛只好同意，所以，罗纳尔多又出现在了第二份首发名单中。

在听证会上，队医也表示当时很难做出不让罗纳尔多出场比赛的决定："想象一下，如果我阻止罗纳尔多出场比赛，然后巴西队输掉比赛，那我就只能去北极生活了。"

至于罗纳尔多为什么会突发癫痫，这依然是一个没有答案的问题。

多年以来，媒体给出了无数的版本，包括罗纳尔多的颈动脉或神经不慎受到压迫、女友出轨或父母吵架带来的心理压力等等。

不过，综合来说，只有三种观点值得推敲：

其中一种指向罗纳尔多服用的药品。罗纳尔多的突出能力建立在膝盖的压力之上，所以在他小时候，膝盖就已经做过手术。在罗纳尔多加盟埃因霍温队之后，他和球队决定快速增长肌肉，以此来减轻膝盖位置的韧带和骨骼的压力，这使得罗纳尔多使用了大量的促进肌肉生长的药品，这些药品的副作用发作，导致罗纳尔多突发癫痫。

另一种则指向罗纳尔多的止痛药。1998年世界杯期间，罗纳尔多表现突出，也成为对手重点盯防的对象，所以罗纳尔多频繁使用止痛

巴西队

药来减轻受伤带来的疼痛。在决赛开始前,巴西队队医使用了利多卡因这种局部麻醉药,从而导致了罗纳尔多出现服药后的不良反应。

不过,罗纳尔多自己在接受采访时,将压力归结为癫痫发作的原因,这也是第三种观点。

2022年10月,罗纳尔多在电视节目中回忆1998年世界杯时表示:"我唯一能够把与世界杯决赛当天出现癫痫症状联系起来的因素是压力,非常大的压力,在没有做好准备的情况下需要承受的巨大压力。"

从某种角度来说,这是最有可能的情况。毕竟罗纳尔多的癫痫只发作了这么一次,所以和药品的关系或许并不大。

然而,这一次就让巴西队损失惨重。

后来,扎加洛在采访中也承认,对罗纳尔多的担忧影响了全队的表现:"整个上半场,我都在考虑是否让罗纳尔多下场。"同时扎加洛也不免担心,如果将罗纳尔多换下,赛后会引发巴西公众的猛烈批评。

或许就是类似的压力,让罗纳尔多难以承受,最后导致了整支球队的崩溃。

不过,虽然在决赛上表现不佳,但罗纳尔多还是获得了1998年世界杯最佳球员的称号,对于当时还未年满22周岁的罗纳尔多来说,未来才刚刚在其面前展开。

巴西队,仍有机会。

第六章

"外星人"领衔的梦时代(下)

裁判吹响了比赛结束的哨音,巴西队终于圆梦,夺得了历史上第五座世界杯冠军奖杯,从而成为最成功的国家队。

——引语

巴西队

◆ 晋级之路满是荆棘

1998年世界杯结束之后，巴西队开始了重组。

一方面是主教练位置上的更迭。扎加洛选择离任，万德雷·卢森博格成为巴西队新任主教练。

另一方面则是罗纳尔多的频繁受伤。自从1998年世界杯之后，罗纳尔多的膝盖开始频繁出现伤病。

1999年美洲杯，卢森博格率领的巴西队一路过关斩将，用一座美洲杯冠军奖杯安抚了错失世界杯冠军的巴西队球员和球迷。

整届美洲杯，罗纳尔多打进5球。这几乎是罗纳尔多在2002年世界杯前的最后一次高光表现。此后，罗纳尔多的膝盖连续受伤，在经历了多次手术治疗和漫长的康复后，直至2001年底，罗纳尔多才回到球场，找回比赛状态。

在这段时间里，里瓦尔多成为巴西队的核心球员，但里瓦尔多并不孤独。

1999年美洲杯，罗纳尔迪尼奥横空出世。

对阵委内瑞拉队的小组赛，罗纳尔迪尼奥打进了非常精彩的一

第六章 "外星人"领衔的梦时代(下)

球。他接到队友的传球后,先是将球挑过了一名防守球员的头顶,随后加速突破了另一名防守球员,将球从近角射入球门。

这个进球的精彩程度,让巴西队球迷想起了贝利在1958年世界杯上的惊人表现,而和那时的贝利相似的是,1999年美洲杯上的罗纳尔迪尼奥也不到20岁。

不过,和贝利不同的是,罗纳尔迪尼奥并不以进球著称。

1980年3月21日,罗纳尔迪尼奥出生于巴西南部的阿雷格里港。

和罗纳尔多、里瓦尔多等队友不同,罗纳尔迪尼奥家境不错,这源于罗纳尔迪尼奥的父亲和哥哥都是职业球员,尤其是其哥哥曾效力于巴西足球甲级联赛(简称"巴甲")的格雷米奥队。

这让罗纳尔迪尼奥的成长环境相当不错,也正是因此,罗纳尔迪尼奥从小就在浓厚的足球氛围中受到感染和熏陶,很早就显现出了能够继承父亲和哥哥衣钵的天赋。

罗纳尔迪尼奥八岁时开始在足球领域崭露头角,也是在那个时候,罗纳尔迪尼奥第一次被队友和教练称呼为"罗纳尔迪尼奥(Ronaldinho)"。

在这个绰号中,后缀"inho"在葡萄牙语中的本义就是"小",因为罗纳尔迪尼奥经常是比赛中年龄最小、个子也最小的球员。

在成长过程中,罗纳尔迪尼奥对五人制足球和沙滩足球也产生

巴西队

了浓厚兴趣。在五人制球场和沙滩足球的比赛上，球员需要更精湛的控球能力。在这两个项目中磨炼出来的技术，让罗纳尔迪尼奥大为受益，他收获了其在球场上的最大特点：技术极其细腻，堪称出神入化。

一个最好的例子就是1999年6月20日的南里奥格兰德州锦标赛决赛。

在这场比赛中，罗纳尔迪尼奥让巴西国际队的传奇人物，也是1994年世界杯冠军队长的邓加颇为尴尬：两次一对一，罗纳尔迪尼奥两次戏耍邓加，让邓加根本展现不出其防守能力的优势。

凭借这样的表现，在这场比赛的6天后，罗纳尔迪尼奥就得到了在巴西队上演首秀的机会。在帮助巴西队夺得1999年美洲杯冠军的一周后，罗纳尔迪尼奥被巴西队继续征召，参加1999年联合会杯。

在这一届联合会杯的比赛中，除了决赛，罗纳尔迪尼奥场场都有进球，并在巴西队8∶2击败沙特阿拉伯队的半决赛中上演了帽子戏法。

可惜的是，在决赛中，巴西队以3∶4不敌墨西哥队，这也说明了罗纳尔迪尼奥并非罗纳尔多这样能够帮助巴西队直接取得胜利的球员。

不过，凭借突出的表现，罗纳尔迪尼奥还是获得了这届联合会杯

第六章 "外星人"领衔的梦时代（下）

最佳球员和最佳射手的个人奖项。

2000年，罗纳尔迪尼奥作为巴西国奥队的一员，参加了悉尼奥运会的足球赛事。

在这届奥运会上，巴西队表现不佳，在1/4决赛被最后夺得金牌的喀麦隆队淘汰，这届赛事的失利也导致了卢森博格的下课，巴西队再一次进入了换帅的震荡当中。

卢森博格被解雇之前，巴西队在2002年世界杯预选赛上已经打完了8轮比赛，在这8轮比赛当中，巴西队取得了4胜2平2负的平庸战绩。

在埃默森·莱奥的短暂执教时间，巴西队在预选赛的战绩依然没有明显的起色，仅为2胜1平1负。

2001年联合会杯，巴西队还是没有夺得冠军。半决赛，巴西队以1∶2不敌法国队，甚至在季军赛上输给了澳大利亚队，整支球队都陷入了危机当中。

在这种情况下，路易斯·费利佩·斯科拉里接过了巴西队主教练这一棘手的职务。

在斯科拉里上任后的第一场比赛上，他就未能改写巴西队在客场以0∶1不敌乌拉圭队的结果，这让巴西队在预选赛的压力变得更大。

如果巴西队无法参加2002年世界杯，那么巴西队从未缺席世界

巴西队

杯正赛的纪录就要在斯科拉里的率领下终止了,这显然是不可以发生的事情。

最后5场预选赛,巴西队仅仅取得了3胜2负的战绩,在整个南美区排在第三名,比第六名的哥伦比亚队仅仅多出3分,惊险晋级到了2002年世界杯正赛。

这一战绩,让斯科拉里饱受批评。

除此之外,斯科拉里让外界不满的地方还有2001年美洲杯:斯科拉里的巴西队在1/4决赛即被洪都拉斯队淘汰,爆出了这一届美洲杯的最大冷门。而且在2002年世界杯开始前,由于没有按照球迷的要求征召已经36岁的罗马里奥,斯科拉里再次遭到批评。

实际上,罗马里奥的落选并不令人意外。罗马里奥和斯科拉里的关系一般,而且罗马里奥也没有用表现征服斯科拉里,所以斯科拉里还是选择了罗纳尔多、里瓦尔多和罗纳尔迪尼奥等人,让他们组成了巴西队的前场力量。

尽管在2002年世界杯开幕前,罗纳尔多和里瓦尔多的身体都不在最佳状态,斯科拉里还是决定相信自己的选择。

第六章 "外星人"领衔的梦时代(下)

◆ 五星巴西圆梦时刻

2002年世界杯,巴西队与土耳其队、哥斯达黎加队、中国队被分在一组。

首场比赛,巴西队就显现出自己不如1998年的比赛状态。上半场临近结束时,土耳其队率先取得进球,让巴西队在落后的形势下进入了更衣室。

不过,在下半场比赛开始不久,里瓦尔多就在边路送出传中球,罗纳尔多在球门前包抄得手,帮助巴西队扳平比分,但此后的巴西队破门乏术。

就在1∶1即将成为比赛的最终结果时,巴西队制造了点球的机会,里瓦尔多一蹴而就,帮助巴西队在最后时刻夺回胜利,以2∶1收获了开门红。

第二场比赛,巴西队迎战中国队。

面对第一次征战世界杯的中国队,巴西队丝毫没有手下留情。比赛开始仅15分钟,卡洛斯就用一脚石破天惊的大力任意球射门,攻破了江津把守的球门。第32分钟,里瓦尔多接到罗纳尔迪尼奥的传中

巴西队

球，打进了巴西队的第二球。在上半场结束前，罗纳尔迪尼奥罚进点球，巴西队将比分优势扩大到了三球。

比赛在这个时候就已经失去了悬念，所以下半场的巴西队踢得非常放松，罗纳尔多在第55分钟破门，此后的比分没有被继续改写，巴西队以4∶0击败了中国队。

两场比赛均取得胜利，巴西队已经锁定了小组出线的名额。第三场对阵哥斯达黎加队的比赛，斯科拉里进行了部分位置的球员轮换。

以半主力状态出战的巴西队并未因此失去对比赛的控制，毕竟罗纳尔多和里瓦尔多依然首发。罗纳尔多在比赛开始13分钟就完成了梅开二度，埃德米尔松、里瓦尔多和儒尼奥尔也在此后各进一球，巴西队以5∶2战胜哥斯达黎加队，拿到了小组赛全胜的战绩。

这个成绩让巴西队球迷感到异常惊喜，但让巴西队球迷更加兴奋的是，罗纳尔多、里瓦尔多和罗纳尔迪尼奥三人配合默契，媒体将三人称为"3R组合"。

然而，很多巴西队球迷可能没有发现，斯科拉里使用了"352"阵形。

因为使用这一阵形，拉扎罗尼的巴西队在1990年世界杯上成绩惨淡，表现也被外界所诟病，但在2002年世界杯，巴西队发挥出了这一

第六章 "外星人"领衔的梦时代（下）

阵形的威力。

在罗纳尔多、里瓦尔多和罗纳尔迪尼奥三人中，每个人都可以向边路移动，支援边翼卫参与进攻，也可以留在中路，直接向对手发起进攻。

对阵比利时队的1/8决赛，巴西队以2∶0击败对手，两个进球都是由边路策动。比赛第67分钟，罗纳尔迪尼奥将球从右路传给中路的里瓦尔多，后者转身远射，洞穿了比利时队的球门；在比赛即将结束时，罗纳尔多接到边路的传中球，打进了巴西队的第二球。

清晰的战术计划，让巴西队在比赛中发挥得游刃有余，而战术计划之所以能够奏效，依然建立在巴西队球员实力强劲的基础上。

1/4决赛，巴西队与名声响亮的英格兰队狭路相逢。

这场比赛，英格兰队的确给巴西队制造了很大的麻烦。上半场比赛，英格兰队抓住了巴西队后卫的停球失误，迈克尔·欧文为英格兰队首开纪录。

在上半场伤停补时阶段，巴西队就将比分扳平。罗纳尔迪尼奥在中场得球之后，一路带球突破，用"踩单车"的过人方式晃开对手，为里瓦尔多送上了助攻。

这仅仅是一个开始。第50分钟，罗纳尔迪尼奥主罚任意球，用吊射的方式攻破了英格兰队的球门，让英格兰队的门将大卫·希曼尴尬

巴西队

不已。

这个任意球的线路诡异到让外界始终认为罗纳尔迪尼奥本想传球,是在希曼的失误下才变成了进球。但在赛后接受采访时,罗纳尔迪尼奥否认了这个说法:

"当我们看录像时,我们已经分析过英格兰队的门将总是站位靠前一点,所以进球可能性是存在的,加上运气,那个漂亮的进球最终实现了。"

不过,在这场比赛中,巴西队也付出了代价。

就在这个进球的7分钟后,罗纳尔迪尼奥因为严重犯规而被裁判罚出场外,这使得罗纳尔迪尼奥将错过半决赛,而这对罗纳尔多和里瓦尔多来说,是一个很大的打击。

2002年世界杯,里瓦尔多已经30岁,罗纳尔多因为膝盖位置的多次受伤,相较于1998年,能力已经有所减弱。所以,罗纳尔迪尼奥的出现,很好地分担了罗纳尔多和里瓦尔多的压力,让这两人可以将大部分的体能和精力用以攻击对方的球门。

没有了罗纳尔迪尼奥,罗纳尔多和里瓦尔多就需要站出来了。对阵土耳其队的这场半决赛,巴西队的确受到了罗纳尔迪尼奥缺席的影响,进攻也变得不那么犀利。最终帮助球队渡过难关的,还是罗纳尔多。

第六章 "外星人"领衔的梦时代（下）

在比赛的第49分钟，罗纳尔多在左路得球，他摆脱了土耳其球员之后，用脚尖捅射的方式收获进球，这一球也是巴西队的唯一进球。

时隔4年，巴西队重新来到世界杯决赛。这一次，巴西队决定不让机会从手边溜走。

面对实力有限，但意志顽强的德国队，巴西队稳扎稳打，在保证安全的前提下，向德国队的球门发起了进攻。

由于德国队缺少足够的球星，唯一的大牌球员米夏埃尔·巴拉克还因为累积黄牌而错过了决赛，所以德国队将大量的兵力都布置在了本方半场。这让巴西队的进攻遇到了很多的阻碍，巴西队在上半场的几次进攻尝试，都被德国队破坏。

直至比赛进行到第67分钟，巴西队终于叩开了胜利之门。罗纳尔多在德国队禁区抢回球权，立刻把球交给了里瓦尔多，里瓦尔多张弓搭箭，打出了一脚势大力沉的远射，这脚远射让德国队门将奥利弗·卡恩在扑救时不慎脱手，而罗纳尔多早已拍马赶到，将球补射入网。

12分钟后，巴西队扩大了比分。

巴西队右路传球，本来在传球线路上的里瓦尔多发现罗纳尔多就在自己的身后，于是里瓦尔多轻巧一漏，罗纳尔多心领神会，德国队球员则完全被骗过。

面对这样的好机会，罗纳尔多没有浪费，他将球稳稳地射入球门

巴西队

死角,将比分优势扩大到了两球。

对于德国队来说,这是一个沉重的打击,因为德国队没有连追两球的实力,时间也不站在德国队的一边。裁判吹响了比赛结束的哨音,巴西队终于圆梦,夺得了历史上第五座世界杯冠军奖杯,从而成为最成功的国家队。

这一壮举,至今还没有其他任何球队能够匹敌。

在场地中央,时任国际足联主席约瑟夫·布拉特和巴西队传奇球员贝利将大力神杯交给了巴西队队长卡福。

那一刻,整个巴西都成为天堂。

2002年世界杯,或许并不是罗纳尔多个人能力的巅峰期,因为在比赛期间,罗纳尔多饱受腹股沟拉伤的影响,只能发挥出自己60%的能力。

也正是因为媒体无时无刻不在刺探着罗纳尔多的伤情,这让罗纳尔多很心烦,于是,他剪了一个"阿福头"的发型。罗纳尔多说:"当我顶着那个发型去训练时,每个人都不再谈论我的伤病了。"

虽然罗纳尔多不在最佳状态,但里瓦尔多和罗纳尔迪尼奥很好地完成了支援罗纳尔多的任务。三人之间配合默契,合作无间,这是巴西队坚不可摧的最大法宝。

就连输球后德国队教练鲁迪·沃勒尔都表示:"当你输掉一场比赛

时，当然会感到非常失望，但输给像巴西队这样的球队并不丢脸。"

◆ 这是一支无敌之师

可惜的是，如此优秀的一支巴西队，并没有维持足够长的时间。

2002年世界杯结束之后，斯科拉里婉拒了巴西足协、球员和球迷的挽留，奔向欧洲足坛，开始了一段全新的旅程。

2003年11月19日，里瓦尔多踢完了其在巴西队的最后一场比赛，这意味着"3R组合"仅仅征战了一届世界杯，便宣告解散。

很显然，巴西队需要重新组建。2002年世界杯结束之后，这一任务虽然短暂交给了扎加洛，但在2003年初，相对年轻的佩雷拉接过了这一重担。

在帮助巴西队夺得1994年世界杯冠军之后，这将是佩雷拉第二次执教巴西队。

佩雷拉刚刚接手球队的时候，巴西队不可避免地陷入了动荡之中。

2003年联合会杯，巴西队不仅未能夺得冠军，甚至都未能从小组中出线。三场比赛，巴西队以0∶1输给了喀麦隆队，以1∶0小胜美国

巴西队

队，以2∶2战平土耳其队，这个成绩让巴西队仅仅排在小组第三名。

不过，在这届联合会杯上，佩雷拉找到了里瓦尔多的替代者——阿德里亚诺。

阿德里亚诺是巴西队在这届联合会杯上表现最好的球员，他为巴西队打入2球，而当时的阿德里亚诺只有21岁。

这还不是阿德里亚诺让人最惊喜的表现。

2004年美洲杯，在罗纳尔多缺席的情况下，阿德里亚诺担负起了为巴西队进球的重任。整届美洲杯，阿德里亚诺打进7球，帮助巴西队一路闯入决赛。在决赛中，阿德里亚诺在比赛的最后时刻为巴西队扳平比分，将比赛拖入了点球大战。最终，巴西队在点球大战中胜出，从而击败阿根廷队，获得了这一届美洲杯的冠军。

比赛结束之后，佩雷拉在采访中表示，阿德里亚诺是巴西队夺冠的重要因素。

从那时开始，阿德里亚诺就不再被视为里瓦尔多的替代者，而被视为了罗纳尔多的接班人，这显然是一个至高无上的荣誉。

同一时期，巴西队人才济济，佩雷拉根本无须为里瓦尔多的离开和罗纳尔多的缺席而担忧。

除了阿德里亚诺之外，卡卡和罗比尼奥也在欧洲赛场散发出了光芒。

第六章 "外星人"领衔的梦时代（下）

这三人，加上罗纳尔多和罗纳尔迪尼奥，佩雷拉在进攻球员的选择上一度陷入了"幸福的烦恼"之中。从那时开始，如何在稳妥的基础上派出更多的进攻球员，成为摆在佩雷拉面前的最大难题。

2005年联合会杯，罗纳尔多没有参赛，佩雷拉在大部分比赛都让阿德里亚诺、罗比尼奥、罗纳尔迪尼奥和卡卡全部进入首发名单。巴西队在5场比赛里打进了12球，凭借超强的进攻实力夺得了冠军。

然而，在这5场比赛里，巴西队只在一场比赛中没让对手取得进球。

危机的苗头已经出现，但巴西队没有人注意到这一点。

2006年世界杯，上届冠军球队不再拥有直接进入正赛的特权，所以巴西队也需要通过预选赛来获得参赛的名额，这也成为罗纳尔多在这4年之间主要参加的巴西队赛事。

到了预选赛，佩雷拉就开始面对从5人中挑选4人的棘手问题。

在这18场比赛之后，巴西队的确以打进35球的成绩，成为预选赛中进攻火力最强的球队。不过巴西队却不是赢球场次最多的球队，排在积分榜第二名的阿根廷队反而比巴西队还多赢了一场比赛。

最终，巴西队以9胜7平2负的战绩获得了预选赛的第一名，带着未解的难题来到了2006年世界杯。

与1994年的夺冠和1998年的遗憾相比，罗纳尔多在2002年显然

巴西队

达到了职业生涯的巅峰。

受到伤病的影响,罗纳尔多个人的状态和能力,相较于过去的自己已经有了明显的退步。但在2002年世界杯上,罗纳尔多有出色的队友替自己分担压力,巴西队也在进攻端和防守端达到了完美的平衡。

这是巴西队在2002年世界杯一举夺得桂冠的重要基础。

4年过去了,里瓦尔多已经退役,罗纳尔多年华老去,巴西队后继有人,但在战术层面难以维持平衡。

这为巴西队在2006年世界杯的前景蒙上了一层阴影,也让巴西队重新走进了迷雾。

第七章

漫长泥泞的复苏路

和此前的巴西队相比,如今的巴西队球员的能力明显不足,巴西足球始终没有人能够接过贝利、罗马里奥和罗纳尔多的衣钵。

——引语

巴西队

◆ 华丽是虚无的外表

2006年世界杯，巴西队与克罗地亚队、澳大利亚队、日本队被分在同一组。

在首场比赛中，巴西队以1∶0艰难战胜克罗地亚队。佩雷拉将罗纳尔多、阿德里亚诺、罗纳尔迪尼奥和卡卡列入首发名单，罗比尼奥则在下半场替补登场。

这一进攻组合明显缺乏机动性，很难威胁到克罗地亚队的防守，这让巴西队只能通过球员的个人能力来攻击对方的球门。

这个问题到了第二场比赛依然没有得到解决。虽然巴西队凭借阿德里亚诺和弗雷德的进球，以2∶0战胜了澳大利亚队，但澳大利亚队在下半场频频向巴西队发起进攻。

澳大利亚队主教练古斯·希丁克也在赛后说道："下半场，我们看到澳大利亚队完全压制住了世界杯冠军球队，巴西队则选择防守反击。事情本应该是相反的。"

佩雷拉不是不清楚问题出在哪里。

在这届世界杯开幕前，罗纳尔多是参赛球员中体重指数最高的球员。尽管其拥有光辉的履历和十足的人气，然而从状态来看，罗纳尔多不应该占据首发位置，但佩雷拉很难做出这一决定。

在小组赛取得两连胜之后，巴西队在对阵日本队的比赛中进行了多个位置的轮换，派出了更多年轻球员。这让巴西队的表现大大改善，巴西队也以4∶1战胜了日本队，以全胜的战绩晋级淘汰赛。

作为小组第一名，巴西队在进入1/8决赛时占据些许优势，其对手将是加纳队。

这场比赛，相较于球队的表现，球员创造的纪录成为外界关注的焦点。打进一球的罗纳尔多以15球的数据在当时成为世界杯历史最佳射手，而卡福则以出场19次成为巴西队在世界杯中登场次数最多的球员。

除了这两点，巴西队的表现缺乏亮点。球队大部分进攻威胁都来自反击，好在巴西队最终还是以3∶0击败加纳队，晋级八强。

1/4决赛，巴西队的对手是法国队。

在这场比赛中，为了构筑更稳健的后场，佩雷拉将阿德里亚诺从首发名单撤出，只派出了罗纳尔多这一名前锋，这让法国队在开赛前就占据了心理层面的优势。

在更衣室内，法国队主教练雷蒙德·多梅内克就对自己的球员说道："巴西人很害怕，他们派出了一名前锋，因为他们害怕我们会对他

巴西队

们做什么。"

到了淘汰赛阶段，虽然在策略上保守一点不是错误，但对于这一届世界杯的巴西队来说，球队为数不多的优势就是进攻端的表现和球星的个人能力。所以撤下一名前锋，尤其是撤下阿德里亚诺，是一个非常严重的错误。

于是，在比赛中，巴西队几乎没有给法国队制造什么威胁。

凭借蒂埃里·亨利的进球，法国队以1∶0淘汰了巴西队。巴西队上一次未能进入世界杯四强，还要追溯到1990年世界杯。

早早地结束了2006年世界杯的征程，落败的巴西队受到了媒体和球迷的严厉批评，罗纳尔多、罗纳尔迪尼奥和佩雷拉都成为外界抨击的靶子。

这届失败的世界杯，不仅预示了这一批冠军球员的最终结局，也凸显了巴西队球迷的高标准和严要求。罗纳尔多不再被巴西队征召，罗纳尔迪尼奥也因为沉迷于声色犬马而成为巴西队的边缘球员。

为了提高球员的积极性、重新组建一支充满竞争力的巴西队，巴西足协在2006年世界杯结束之后，任命邓加为新任巴西队主教练。

很显然，巴西足协非常不满球队此前的表现，然而风险在于，在此之前，邓加没有执教球队的经验。

刚刚上任时，邓加的确给巴西队带来了完全不同的精神气质。前

5场比赛，巴西队赢得了4场比赛的胜利，其中还包括以3∶0战胜阿根廷队。

随着巴西队变得强硬起来，老将的隐退也没有让巴西队球迷感到丝毫的惋惜，因为那时的巴西队有着美好的未来。然而，随着阿德里亚诺的状态开始下滑，巴西队出现了归于平庸的危险。

2007年美洲杯，巴西队开局不利，第一场比赛就以0∶2输给了墨西哥队。但在此后的5场比赛，巴西队都笑到了最后，这让巴西队夺得了2007年美洲杯冠军。

在这一届美洲杯上，挑大梁的球员就已经变成了罗比尼奥。

打入6球和夺得最后的冠军奖杯，让罗比尼奥同时荣膺最佳射手和最佳球员两个奖项，也让巴西队球迷看到了球队触底反弹的希望。

但是，罗比尼奥和卡卡都并非能站在球队最前面的前锋球员。

2007年美洲杯，邓加最经常使用的前锋是儒利奥·巴普蒂斯塔，但在2010年世界杯预选赛和2009年联合会杯上，这一位置的首选变成了路易斯·法比亚诺。

2010年世界杯预选赛期间，法比亚诺为巴西队打进9球，帮助巴西队拿到了小组第一名的成绩；联合会杯上，法比亚诺为巴西队打进5球，帮助巴西队夺得冠军。

这看起来是还不错的成绩，但是在2010年世界杯开幕时，法比亚

巴西队

诺即将年满30岁。

早在2003年,法比亚诺就在巴西队完成了首秀,但他从未代表巴西队征战过世界杯。

这一事实就说明了法比亚诺的能力其实比较有限。这也意味着在2010年世界杯,巴西队还是需要依靠罗比尼奥和卡卡,更准确地说,只有罗比尼奥,因为卡卡的身体并不在最佳状态。

2010年世界杯,巴西队与葡萄牙队、科特迪瓦队、朝鲜队被分在同一组。首场比赛,巴西队凭借麦孔和埃拉诺·布卢默尔的进球,以2∶1取得胜利。第二场比赛对阵科特迪瓦队,法比亚诺打开了进球账户,埃拉诺锦上添花,帮助巴西队以3∶1击败科特迪瓦队,取得了两连胜。

最后一场比赛,没有太大压力的巴西队以0∶0与葡萄牙队战平,相对轻松地晋级到淘汰赛。

1/8决赛,罗比尼奥终于开始展现自己的能力。

在对阵智利队的比赛中,胡安·希尔韦拉·多斯桑托斯、法比亚诺帮助巴西队将比分优势扩大到了两球之后,罗比尼奥为巴西队打进了第三球。

很显然,罗比尼奥进入状态太晚了。

1/4决赛,巴西队面对早已准备好了的荷兰队。尽管罗比尼奥在比

第七章　漫长泥泞的复苏路

赛第10分钟首开纪录，但到了下半场比赛，巴西队的散兵游勇还是被荷兰队的团队进攻所冲散，仅仅用了15分钟，韦斯利·斯内德梅开二度，帮助荷兰队以2∶1淘汰了巴西队。

和2006年世界杯一样，巴西队再次止步于八强。

◆ 家门口的最大耻辱

没能带领巴西队取得好成绩，邓加也免不了被外界痛批。

其中，最大的批评声来自贝利和罗马里奥。在2010年世界杯开幕前，两人曾经敦促邓加在世界杯大名单当中，写上一名只有18岁的年轻球员的名字。

邓加当时表示，这位18岁的年轻球员很有才华，但没有受到高强度比赛的考验，不足以获得参加2010年世界杯的资格。

这位18岁的年轻球员，叫作内马尔。

2010年世界杯之后，邓加被巴西足协解雇，其4年的工作被认为是失败的。

在邓加组建了一支身体强壮、经验丰富的巴西队之后，新任教练曼诺·梅内塞斯的任务是更新换代，让巴西队变成一支朝气蓬勃的球

巴西队

队。

从那时开始,内马尔就注定将成为新一代巴西队的核心球员。

2010年8月10日,内马尔在对阵美国队的比赛中,首次代表巴西队出场。

当时,年仅18岁的内马尔首发出场,他身披11号球衣,在比赛进行到第28分钟的时候,内马尔头球破门,最终帮助巴西队以2∶0取得胜利。

首秀即进球,这体现了内马尔的无限潜力。

不过,当时的巴西队从上到下都弥漫着一股焦躁的气氛。如果可以,巴西队十分愿意让内马尔成长得更快一些,原因很简单:

2014年,巴西将举办世界杯。

相较于内马尔当时体现出来的潜力,巴西队更希望内马尔能直接帮助球队取得胜利。

2011年美洲杯,内马尔自身的表现不佳,巴西队也因此大受影响。球队从小组出线之后,在1/4决赛即遭巴拉圭队淘汰。

这场比赛,内马尔被提前换下,巴西队球迷甚至还向其发出了嘘声。对于一名不到20岁的球员来说,带领巴西队的责任仍然过于沉重,但2014年已经近在眼前。

不管是球队、足协还是球迷,大家都很着急。

第七章　漫长泥泞的复苏路

没能帮助巴西队在2011年美洲杯上取得好成绩，梅内塞斯的帅位受到了冲击。2012年11月，梅内塞斯被提前解雇，因为巴西队有了更好的选择。

2012年11月28日，帮助巴西队夺得2002年世界杯冠军的斯科拉里重返巴西队，担任主教练一职，而其助教是帮助巴西队夺得1994年世界杯冠军的佩雷拉。

在外界看来，两大冠军教头齐聚巴西队，至少在教练这一环节，巴西队已经没有了短板，唯一的悬念就是球员这一环节了。

作为世界杯的"前哨站"，联合会杯无疑是一个很好的考察球员的机会。2013年联合会杯，巴西队的表现相当不错，在小组赛取得全胜的同时，还击败了2012年欧洲杯亚军意大利队。

进入淘汰赛，巴西队的状态依然火热。半决赛，巴西队击败了2010年世界杯殿军乌拉圭队；决赛，巴西队更是以3∶0完胜连续夺得2008年欧洲杯冠军、2010年世界杯冠军、2012年欧洲杯冠军的西班牙队。

这一场胜利，极大地鼓舞了巴西队球迷，巴西队在本土举办的世界杯上夺得第六座冠军奖杯，已经变成了一件可能性很大的事情。

然而，就像2010年世界杯开赛前一样，巴西队再次遇到了没有优秀前锋的难题。

巴西队

联合会杯上，巴西队的首发前锋是弗雷德。当时，弗雷德就即将年满30岁，而且和巴西队过去的前锋球员相比，弗雷德的履历非常单薄，职业生涯的大部分时间都在巴甲度过，在法国足球甲级联赛的4年时光里，弗雷德仅仅打进了34球。

虽然这是巴西时隔64年再次举办世界杯，但巴西队只能将代表了传奇历史的9号球衣交给弗雷德。在某种程度上，这已经预示了巴西队将要面对的难题。

小组赛第一场，巴西队迎战克罗地亚队。

第11分钟，克罗地亚队制造了马塞洛的乌龙球，率先取得了比分领先的优势。不过在上半场结束前，内马尔就帮助巴西队扳平比分。

第71分钟，巴西队制造了点球机会，内马尔主罚命中。随后奥斯卡打进球队的第三球，帮助巴西队以3∶1艰难地赢得了这场比赛。

在克罗地亚队看来，点球判罚是错误的，克罗地亚队本可以获得一场平局。

第二场比赛，巴西队没能摆脱平局的命运。巴西队未能攻破对手的球门，只能以0∶0与墨西哥队握手言和。

前两场比赛1胜1平的战绩，意味着巴西队在第三场比赛依然不能掉以轻心。

面对喀麦隆队，巴西队终于展现出了自己的实力。内马尔梅开二

第七章 漫长泥泞的复苏路

度，第三次首发出场的弗雷德终于斩获进球，费尔南迪尼奥在下半场再进一球。最终，巴西队以4∶1战胜喀麦隆队，以小组第一的成绩晋级淘汰赛。

1/8决赛，巴西队迎来了智利队的挑战。尽管大卫·路易斯在上半场就帮助巴西队取得进球，但智利队也很快凭借阿莱克西斯·桑切斯的进球将比分扳平。

1∶1的比分一直保持到了加时赛结束，两支球队需要通过点球大战来分出胜负。就在这个时候，外界发现了巴西队的一个重大问题：作为巴西队队长的蒂亚戈·席尔瓦本该身先士卒，但他却哭着请求主教练斯科拉里不要将自己列入点球大战的前五轮主罚名单，他尽可能地想逃避这个沉重的责任。

在主场球迷的期待下主罚点球，确实是一个艰巨的任务。巴西队的威廉和胡尔克都将点球罚丢，好在智利队出现的失误更多，让巴西队涉险过关。

进入八强后，巴西队的对手是哥伦比亚队。这场比赛，蒂亚戈·席尔瓦用一个进球弥补了自己在上一场比赛逃避点球大战的错误，大卫·路易斯则在下半场破门得手，帮助巴西队以2∶1战胜了哥伦比亚队，进入半决赛。

然而，这场比赛让巴西队损失惨重。蒂亚戈·席尔瓦在比赛中被

巴西队

判罚黄牌,这使得其被停赛一场,无缘参加这场关键的半决赛。更大的坏消息在比赛结束后传来:在比赛中被哥伦比亚队后卫撞伤的内马尔,脊椎位置出现骨折,这使得其无法参加剩余的比赛。

一前一后,两员大将无法出战半决赛,斯科拉里的巴西队将迎来最为艰难的一场比赛,而巴西队的对手将是德国队。

在赛前,斯科拉里将用贝尔纳德代替内马尔的消息引发了不小的争议。贝尔纳德在此前的比赛中的出场时间极其有限,外界担忧其没有足够好的状态来适应世界杯半决赛的强度。

在半决赛结束后,这一切争议都不再重要。

比赛开始仅仅11分钟,托马斯·穆勒就为德国队打进第一球,这让巴西队陷入了比分落后的困境,但这仅仅是一个开始。从比赛第23分钟到第29分钟,德国队在这短短的6分钟内连进4球,直接将比分优势扩大到了5球,巴西队彻底崩盘。

在悠久的世界杯历史上,这样的半场比分都极其罕见,更不用说在世界杯半决赛上,而且还是巴西队对阵德国队这样的强强对话。

所以,在中场休息时,巴西队的更衣室已经陷入死寂。

被停赛的蒂亚戈·席尔瓦尝试着鼓励队友,斯科拉里也试图让巴西队尽量缩小比分差距。但对于球员来说,在主场陷入0:5的绝境,再多的努力已经没有了意义。

下半场比赛,德国队再进两球,奥斯卡则为巴西队打进一球,这场比赛的比分最终定格在了1∶7上。

这是世界杯历史上东道主球队遭遇的最惨重的失利,而对于巴西队来说,1∶7也成为巴西队历史上异常惨重的两场失利之一。另一场是1920年以0∶6输给乌拉圭队,但那场比赛巴西队是在客场作战,所以以1∶7不敌德国队成为巴西队历史上最惨痛的主场失利。

与此同时,这场比赛也终结了巴西队在主场正式比赛62场不败的纪录。

两次主办世界杯,两次遭遇惨痛的失利,继1950年的"马拉卡纳惨案"之后,这场1∶7的惨败也因为在米内罗体育场举行,又被称为"米内罗惨案"。

半决赛输球之后,巴西队又在季军赛以0∶3输给了荷兰队,仅在这届世界杯中获得第四名。

比赛结束之后,斯科拉里宣布辞职,巴西队再次陷入了悲痛之中。

◆ 痛定思痛也无作用

痛定思痛,巴西队终归要踏上新的旅程。

巴西队

惨败之后，邓加再次被聘为巴西队主帅，巴西足协希望邓加能够重振巴西队的士气。和上一次执教时一样，邓加的巴西队在友谊赛上表现极佳，一度取得了十连胜，但到了正式比赛，却总是在强悍的精神气质之外，缺乏取得胜利的方法。

2015年美洲杯，巴西队在1/4决赛被巴拉圭队淘汰；2016年的百年美洲杯，巴西队甚至都未能从小组赛中出线。

邓加能够为巴西队疗伤，但不是能为巴西队带来成功的正确人选。

2014年世界杯之后，遭受重创的巴西足协看到德国队的出色表现和夺冠结果，本想聘用外籍主帅来拯救陷入低谷的巴西队，但还是选择了邓加作为过渡。

如今，邓加已经证明了自己无法带领巴西队取得成功，聘用外籍主帅再次成为巴西足协的议题，如果成行，这将彻底改写巴西队的历史。

在巴西队的历史上，共有三任外籍主帅：乌拉圭人拉蒙·普拉特罗、葡萄牙人豪尔赫·德利马和阿根廷人菲尔波·努涅斯。

然而，这三人执教巴西队的时间相加起来都没有超过一个月，葡萄牙人豪尔赫·德利马只是当时的联合主帅之一，阿根廷人菲尔波·努涅斯甚至只是临时主帅而已。

第七章　漫长泥泞的复苏路

时间最长的拉蒙·普拉特罗,执教巴西队也只有61天。

所以,哪怕巴西队连续遭受沉重的打击,指望巴西足协做出聘用外籍主帅这个开历史先河的决定,依然非常困难。

相较于此,巴西足协更希望寻找一位"欧洲化"的巴西主帅。于是,蒂特进入了巴西足协的视线。

从1991年开始,蒂特就成为一名教练。一路以来,蒂特夺得了9座重要的冠军奖杯,尤其是在执教科林蒂安队时,蒂特率领球队在2012年国际足联俱乐部世界杯决赛战胜了切尔西队,打破了欧洲球队自2007年以来对这项赛事冠军的垄断。

这次夺冠,也是迄今为止来自南美洲的俱乐部最后一次夺冠。

2014年,离开科林蒂安队之后,蒂特还特意前往欧洲联赛,学习欧洲豪门球队的战术。

所以在2014年世界杯之后,就有传言蒂特将成为巴西队新任主帅,而这一幕在2016年成为现实。

这个决定在当时看起来堪称绝妙:巴西队既可以学习到欧洲球队的精妙战术,又不会完全丢失巴西足球的独有特点,而且依然是巴西教练在执教巴西队,不会因此招致额外的压力。

在2018年世界杯预选赛,这一点似乎得到了充分的验证。18场比赛后,巴西队获得了12胜5平1负的战绩,以领先第二名的乌拉圭队

巴西队

多达10分的优势，毫无悬念地获得了第一名，轻松晋级2018年世界杯正赛。

在2018年世界杯上，巴西队的表现却很一般。

小组赛首战，巴西队就以1∶1被瑞士队逼平。第二场比赛，在比赛已经进入伤停补时的时候，菲利佩·库蒂尼奥和内马尔才各进一球，帮助巴西队赢得比赛的胜利。

第三场比赛，面对塞尔维亚队，巴西队在保利尼奥和蒂亚戈·席尔瓦的帮助下，相对稳健地以2∶0击败了对手，最后以小组第一名的成绩晋级淘汰赛。

相较于球员的个人表现和全队的战术设计，在小组赛阶段，巴西队更让人记忆深刻的是内马尔的情绪。

首场比赛，内马尔在瑞士队的防守中多次倒地，其中很多次的防守动作和力量并不大，但内马尔显得特别痛苦，在地上不断地翻滚。外界因此对内马尔相当失望，对其进行了批评和嘲讽。

巴西队前球员托斯唐就表示，蒂特需要对内马尔采取更强硬、更坦诚的态度，要求内马尔停止发脾气，因为这不会给巴西队带来任何好处，反而只会带来额外的麻烦。

然而，内马尔是蒂特的战术中的核心球员，这一切不会轻易发生。

第七章 漫长泥泞的复苏路

1/8决赛,巴西队的对手是墨西哥队。

和小组赛的对手相比,墨西哥队的技术更为精湛,这给巴西队带来了很大的麻烦,但在这场比赛中,巴西队的表现不错。比赛第51分钟,内马尔帮助巴西队首开纪录,罗伯托·菲尔米诺打进了球队的第二球,帮助巴西队以2∶0击败了墨西哥队。

但在这场比赛中,巴西队的主力中场球员卡塞米罗被判罚红牌,这使得他将缺席对阵比利时队的1/4决赛。

费尔南迪尼奥在1/4决赛中首发出场,但在比赛的第13分钟,他打进了一个乌龙球。

18分钟后,比利时队将比分优势扩大到了两球。

面对比利时队的后卫,内马尔没能像罗马里奥、罗纳尔多那样为巴西队创造奇迹。尽管内马尔多次射门,但都没能威胁到比利时队的球门。

最终,雷纳托·奥古斯托为巴西队挽回了一丝颜面,让巴西队以1∶2输掉了这场比赛,也就此结束了2018年世界杯之旅。

尽管巴西队的表现没有实质性的进步,内马尔在队内享有特权也被外界批评,但在2018世界杯结束之后,巴西足协和蒂特完成续约。这意味着蒂特将继续执教巴西队,直至2022年世界杯结束。

巴西队

◆ 辉煌荣耀何时归来

对于蒂特和巴西队来说，这是一个重新证明自己的机会，尤其是2019年在本土举办的美洲杯，夺得冠军是再好不过的结果。

在这届美洲杯上，巴西队表现不错。以小组第一名的成绩晋级淘汰赛之后，巴西队相继淘汰了巴拉圭队和阿根廷队。最终，巴西队在决赛以3∶1战胜了秘鲁队，夺得了2019年美洲杯冠军。

这是巴西队自2007年以来，再一次获得这项赛事的最高荣誉。最有趣的是，这是一支没有内马尔的巴西队。

在2019年美洲杯开幕前，内马尔出现受伤的情况，缺席了这届赛事。

2019年美洲杯的冠军让巴西队和蒂特重新获得了一些球迷的信任。然而，蒂特在这届赛事上征召了许多老将，没有为巴西队培养更多的年轻球员，这也引起了人们的不满。

进入2020年，巴西队本该征战2022年世界杯预选赛，但由于新冠疫情的暴发，赛事时间被不断推迟。在2021年美洲杯开赛之前，2022年世界杯预选赛结束了6轮比赛的较量，在这6轮比赛中，巴西队

第七章 漫长泥泞的复苏路

取得了全胜的战绩。

蒂特证明了自己的战术在南美球队之间还是有着足够的胜率。

2021年6月,美洲杯开赛。

这本是一届应该在2020年举办的美洲杯。南美足协计划从这一届开始,将美洲杯改为在两届世界杯之间的偶数年举行,然而受到新冠疫情的影响,赛事被推迟一年。

不仅是时间受到了影响,主办国也发生了变更。原本负责举办美洲杯的哥伦比亚和阿根廷各自陷入了麻烦,暂停了国内的一切聚集活动。

于是,在2021年5月31日,巴西被确认为这届美洲杯的东道主。

连续主办两届美洲杯,巴西队获得了额外的优势,但也因此承受了更大的压力。

这一届美洲杯,巴西队在由五支球队组成的小组中继续保持强势,以3胜1平的不败战绩获得小组第一名。淘汰赛阶段,巴西队以1∶0分别战胜了智利队和秘鲁队,再一次进入决赛。

这一次,巴西队在决赛的对手是阿根廷队。

比赛第22分钟,阿根廷队收获了全场比赛的唯一进球。陷入落后局面的巴西队不断地制造着机会,尝试将比分扳平,但全部进攻都被阿根廷队破解。最终,巴西队以0∶1输掉了比赛。

巴西队

虽然巴西队在2019年美洲杯夺得冠军,但这并不能成为挡箭牌,所以在2021年美洲杯丢掉冠军,蒂特和巴西队球员还是免不了被外界批评。

只不过,在2022年世界杯预选赛的剩余比赛里,巴西队取得了8胜3平的不败战绩,蒂特和球员又用表现赢回了一些掌声和表扬。

足球世界就是这个样子,没有一直被表扬的常胜将军,也不会有一直被批评的不胜之师,但有一件事情是毋庸置疑的:击败再多的预选赛对手,也换不来一座世界杯冠军奖杯。

所以,2022年世界杯是对蒂特和巴西队的又一次考验,但这也是对蒂特的最后一次考验。

2022年2月,蒂特在接受采访时宣布,他将在2022年世界杯结束后离开巴西队。

在选拔球员时,蒂特几乎没有考虑巴西队的未来,他选择了在这4年常用的球员和一些经验丰富的老球员,其中就包括了39岁的阿尔维斯和38岁的蒂亚戈·席尔瓦。

这不见得是一件坏事,但这也预示了巴西队难以给外界什么惊喜,无论是从球员的层面,还是从球队的层面来说,都是如此。

小组赛阶段,巴西队的表现就很平淡。

首场比赛,巴西队以2:0击败了实力有限的塞尔维亚队。在上半场双方互交白卷之后,里沙利松在下半场为巴西队梅开二度,尤其是他打进的第二球,动作如同杂耍一般,颇具观赏性。

在比赛的第67分钟,内马尔被塞尔维亚队球员踢伤,泪流满面地走下了球场。对于这支平庸的巴西队来说,内马尔是球队为数不多的创意来源,只不过,对手也很了解这一点。

内马尔将缺席剩余的两场小组赛,淘汰赛阶段才能回归球队。

内马尔不在的两场比赛,巴西队的实力立刻下滑。

第二场比赛,对阵瑞士队,巴西队直至比赛的第83分钟,才由中场球员卡塞米罗打入一球。最终,巴西队以1:0艰难取胜。

正如巴西媒体所说,没有了内马尔,巴西队的进攻变得可以预测,这凸显了巴西队和蒂特之间出现的奇怪矛盾:

当初巴西足协选择蒂特,是为了让巴西队变成一支不依靠个人能力也能取得比赛胜利的球队。但在蒂特的执教之下,巴西队反而变成了一支更加依赖内马尔,没有内马尔就难以拥有正常表现的球队。

第三场比赛,已经取得两连胜的巴西队进行了大规模的轮换,几乎以全替补阵容出战的巴西队以0:1不敌喀麦隆队。

这一结果没有影响巴西队取得小组第一的成绩。

1/8决赛,巴西队以4:1轻松战胜韩国队,巴西队的所有进球都在上半场发生,韩国队则在比赛临近结束时才扳回一球。这是巴西队在

巴西队

2002年世界杯之后，在世界杯淘汰赛中少见的轻松取胜。

不得不说，这一次轻松取胜，很大一部分建立在韩国队实力有限的基础上。

1/4决赛面对克罗地亚队，巴西队同样牢牢占据了控球率等数据层面的优势，却无法像在对阵韩国队时那样轻松取得进球。

直至比赛进行到第106分钟，巴西队才收获了进球。内马尔施展个人能力，与队友进行配合之后突入克罗地亚队的禁区内，破门得手。

接下来，巴西队只需要将加时赛下半场的时间全部耗尽，就可以晋级半决赛。然而，在比赛临近结束时，克罗地亚队却将比分扳平。

受到这一打击，巴西队在点球大战的表现也相当糟糕。克罗地亚队四罚全中，而巴西队仅仅四罚两中，原本要在第五轮出场的内马尔没等出场，比赛就已经结束。

蒂特在点球大战安排的主罚顺序也成为其罪状之一，但在蒂特即将离任的时候，这一切都没有了意义。

2022年世界杯结束之后，就连内马尔也已经是超过30岁的老将了。

和此前的巴西队相比，如今的巴西队球员的能力明显不足，巴西足球始终没有人能够接过贝利、罗马里奥和罗纳尔多的衣钵。

第七章 漫长泥泞的复苏路

如何解决这个问题，已经困扰了巴西足坛太久太久。

2022年世界杯结束之后，巴西足协再次萌生了为巴西队聘用外籍教练的想法。在2022年世界杯结束后不久，有一项调查显示，48%的受访者仍然希望由巴西教练来执教巴西队，但完全拒绝外籍教练的比例已大大减少。在2022年世界杯之前，只有30%的受访者支持外籍教练，但到了2022年12月，有41%的人倾向于由外籍教练来取代蒂特。

根据媒体的报道，巴西足协甚至联系了卡尔洛·安切洛蒂、齐达内和路易斯·恩里克等知名欧洲教练。

但是，此事的进展并不迅速。

因此，在2022年世界杯结束后，巴西队足足更换了三次教练。

在拉蒙·梅内塞斯和费尔南多·迪尼斯的率领下，巴西队变得愈发糟糕。球队不仅在友谊赛上输给了摩洛哥队和塞内加尔队，还在2026年世界杯预选赛上接连输给了乌拉圭队、哥伦比亚队和阿根廷队，创造了全新的尴尬纪录：

输给乌拉圭队是巴西队22年来首次输给这个对手，也是巴西队自2015年以来首次在世界杯预选赛中失利。

输给阿根廷队的这场失利，让巴西队自2001年以来首次连续输掉三场比赛，也是巴西队在世界杯预选赛中首次在主场输掉比赛，终结了自己64场主场比赛不败的纪录。

巴西队

巴西队的混乱还没有结束。2023年12月7日，里约热内卢法院裁定，时任巴西足协主席埃德纳尔多·罗德里格斯被免职，这让原本计划在2024年执教巴西队的安切洛蒂改变计划。安切洛蒂与其所在的皇马队续约两年，其在2024年6月接手巴西队的可能性直接归零。

与此同时，临时教练迪尼斯被解雇，多里瓦尔·儒尼奥尔出任巴西队的新任主帅，他的任务无比艰巨。

因为在巴西队以0:2不敌乌拉圭队的比赛中，内马尔的左膝前十字韧带和半月板完全断裂，需要接受手术。虽然医生保持乐观，但内马尔大概率将无法参加2024年美洲杯。

在距离美洲杯开幕只剩不到一年的时候接手巴西队，多里瓦尔的勇气可嘉，但如果成绩不佳，等待着多里瓦尔的结局也很清晰。

巴西队在短期内依然看不到触底反弹的可能性，但这恰恰也是英雄现身的时候。

经典瞬间

对于任何一支球队来说，在浩瀚的历史长河中，都会诞生很多的经典瞬间。这些瞬间，是球迷津津乐道的话题，也是球星绽放光彩的时刻。定格精彩的进球、争议的判罚、完美的配合、顽强的防守、伟大的扑救……珍藏这些难以忘怀的瞬间。

"外星人"单挑荷兰队防线

1998年世界杯半决赛，巴西队对阵荷兰队，巴西队在这场强强对话中率先破门。第46分钟，里瓦尔多在左路传中，罗纳尔多在禁区内利用身体优势抢点成功，随后他左脚射门洞穿了荷兰队门将的"十指关"，帮助巴西队取得1∶0的领先。尽管荷兰队对罗纳尔多严防死守，但"外星人"仍然抓住了有限的机会送上致命一击。这场比赛，双方在120分钟内战成1∶1。巴西队在点球大战中涉险过关，闯入决赛。

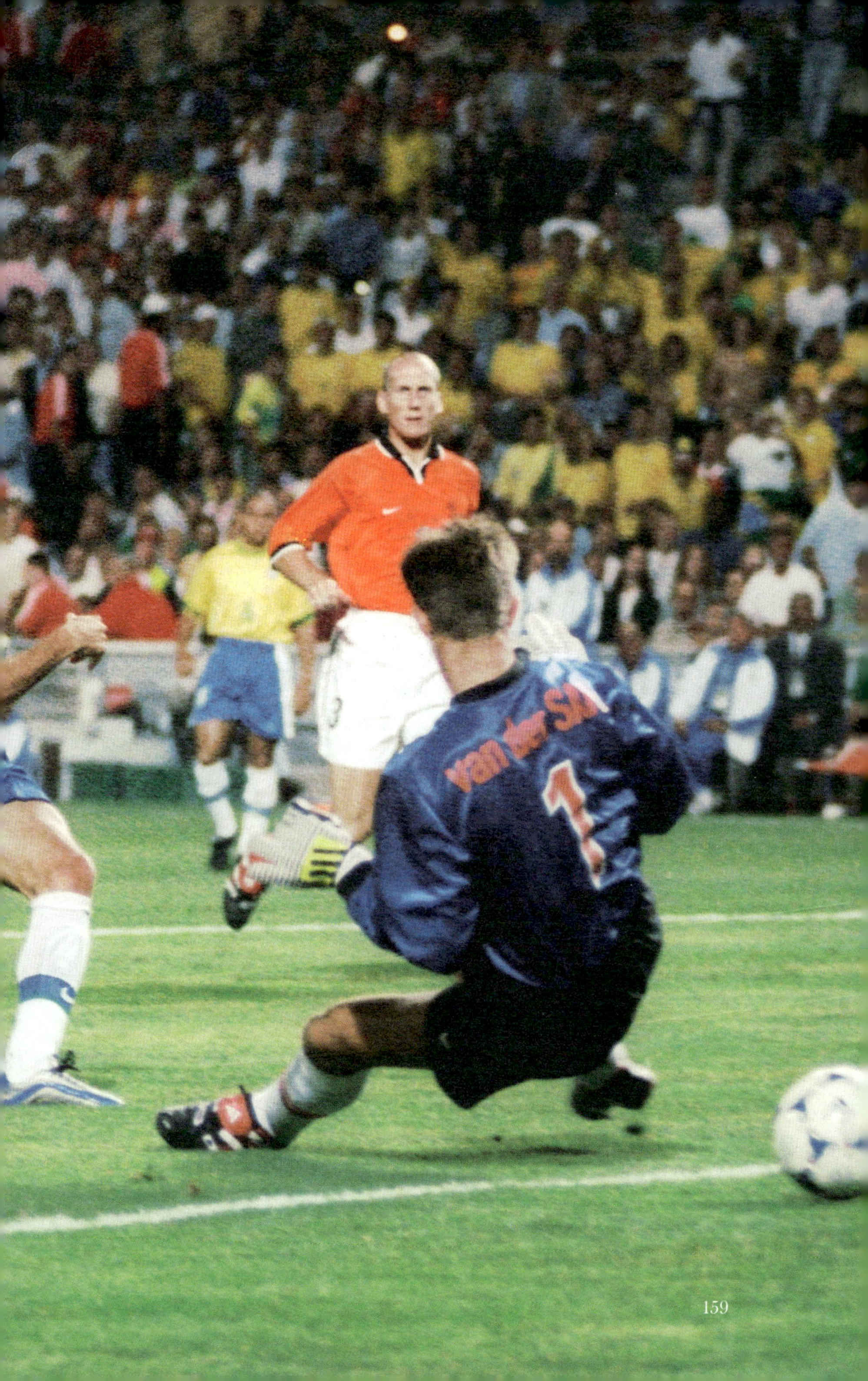
van der Sar
1

主宰决赛

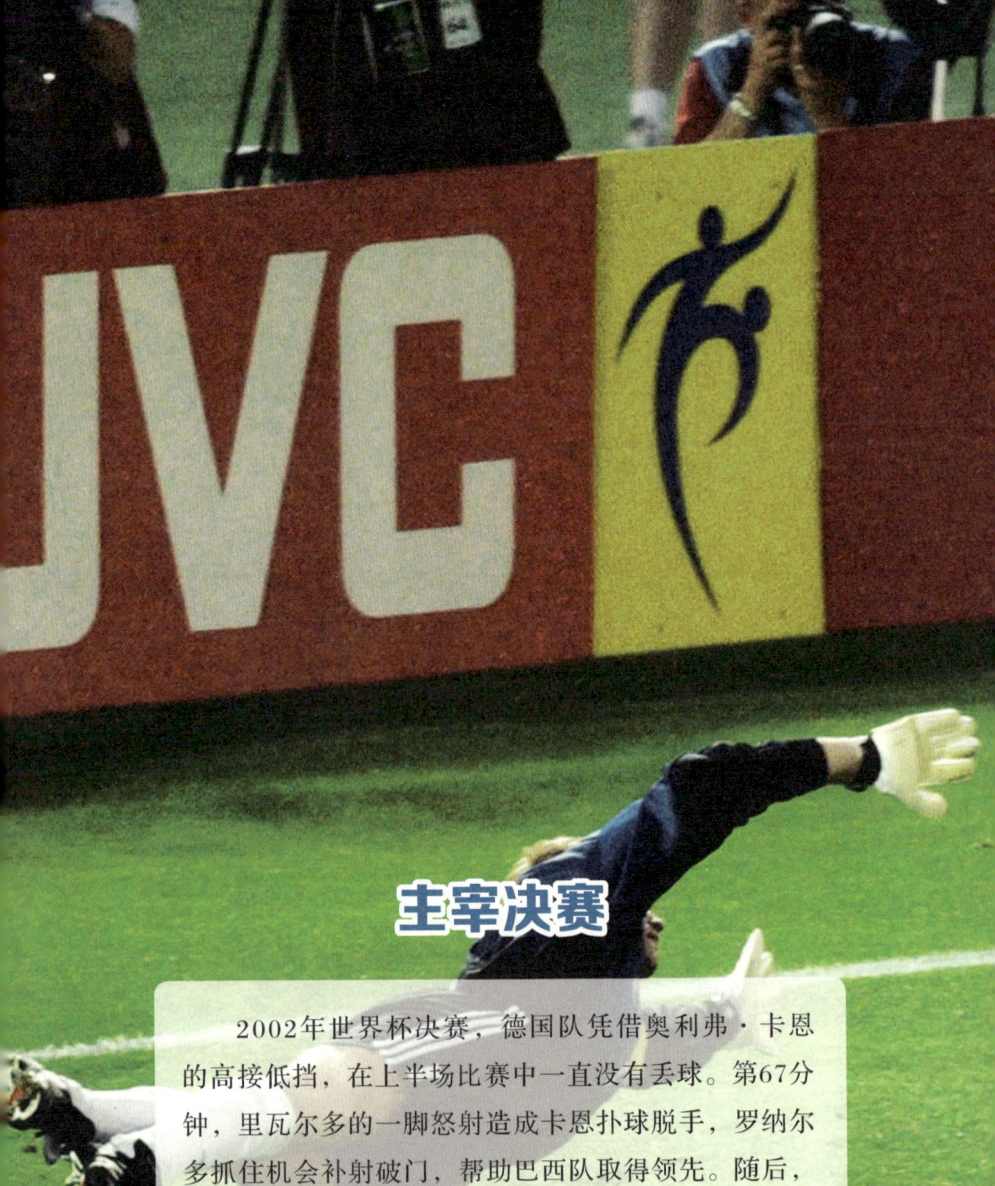

2002年世界杯决赛，德国队凭借奥利弗·卡恩的高接低挡，在上半场比赛中一直没有丢球。第67分钟，里瓦尔多的一脚怒射造成卡恩扑球脱手，罗纳尔多抓住机会补射破门，帮助巴西队取得领先。随后，德国队大举压上进攻，罗纳尔多在第79分钟再入一球。2002年世界杯决赛的赛场，罗纳尔多上演梅开二度的好戏，帮助巴西队以2∶0击败德国队，第五次捧起世界杯冠军奖杯。

161

神级吊射

2002年世界杯1/4决赛，巴西队对阵英格兰队。迈克尔·欧文率先打破僵局，里瓦尔多扳平比分，双方战成1∶1。第50分钟，巴西队获得前场右路的任意球机会。罗纳尔迪尼奥主罚任意球，所有人都以为他要将球吊向禁区，但小罗却踢出一脚弧线极其神奇的任意球，球在空中划出美丽的弧线，直接落入了英格兰队球门。英格兰队的守门员希曼被打了个措手不及，目送巴西队反超比分。

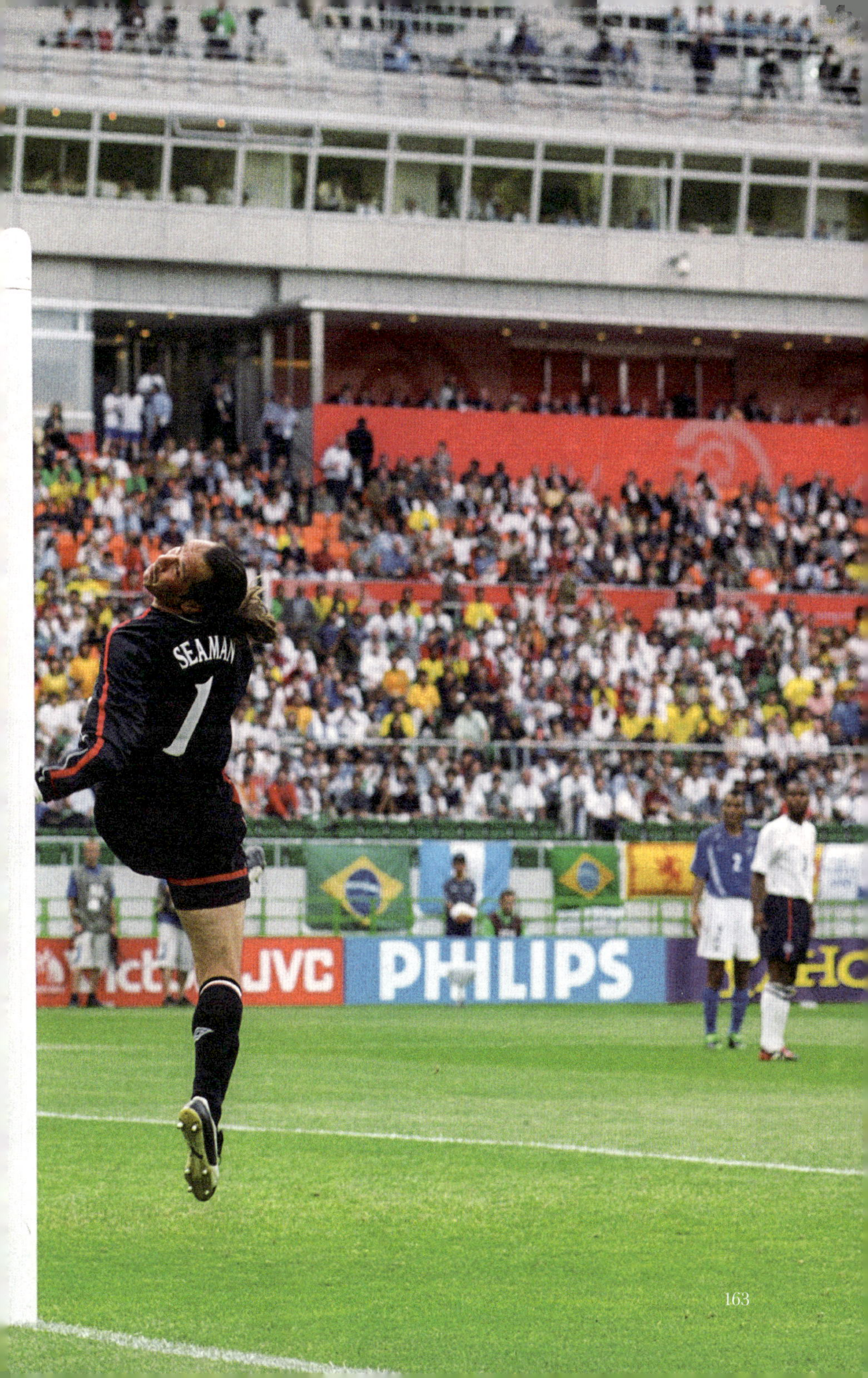
SEAMAN
1
JVC
PHILIPS

最佳射手

　　2006年世界杯1/8决赛，巴西队对阵加纳队，卡卡一脚巧妙的直塞球轻松地穿过了加纳队的防线，罗纳尔多得球后面对对方门将，送上标志性的"踩单车"过人，随后轻松破门。这场比赛开始前，罗纳尔多在世界杯上已经打入14球，加上这场比赛的进球，罗纳尔多的世界杯总进球数达到了15球，超越盖德·穆勒升至历史第一（2014年被德国队的米洛斯拉夫·克洛泽超越）。

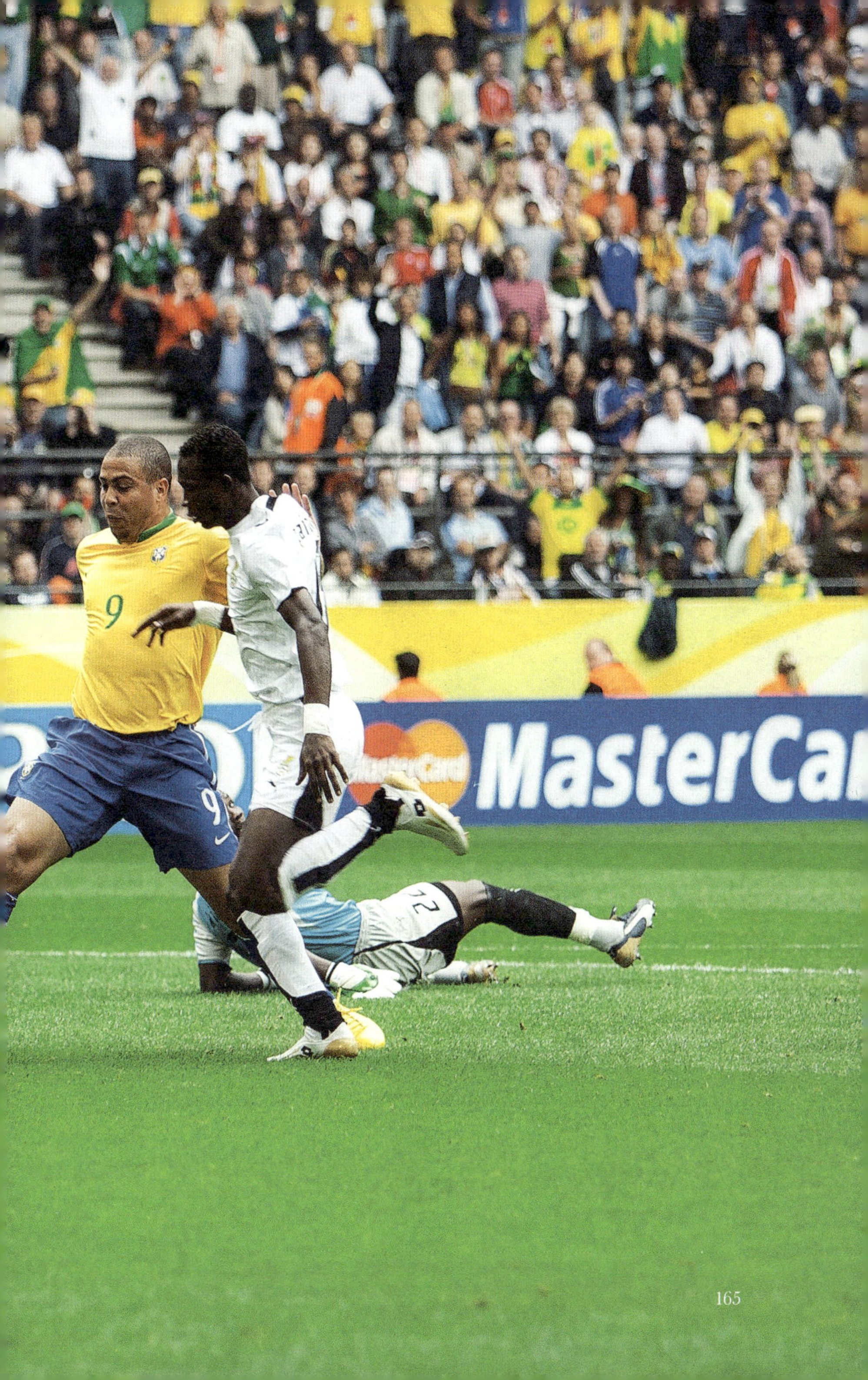
MasterCar

耻辱日

　　2014年世界杯，坐镇主场的巴西队在半决赛中迎战德国队。这场强强对话，出人意料地出现了一边倒的情况。德国队在开场29分钟内就连入5球，巴西队的防线彻底崩盘。下半场比赛，安德烈·许尔勒又梅开二度，德国队一度取得了7：0的领先。直到比赛行将结束，奥斯卡才为巴西队打入一球。最终巴西队在主场1：7吞下耻辱一败。这场比分悬殊的比赛，创造了世界杯半决赛的最大分差，也创造了世界杯东道主球队输球的最大分差。

FULL TIME

BRAZIL 1 - 7 GERMANY

90' OSCAR

11' MUELLER
23' KLOSE
24' 26' KROOS
29' KHEDIRA
69' 79' SCHUERRLE

摇篮舞

　　1994年世界杯1/4决赛，巴西队对阵荷兰队。第52分钟，罗马里奥先下一城。第62分钟，贝贝托抓住荷兰队后防球员的一次配合失误，帮助巴西队取得2：0的领先。进球之后的贝贝托非常兴奋，刚刚喜得贵子的他，邀请罗马里奥和马济尼奥一起跳起了摇篮舞。顽强的荷兰队随后连入两球扳平了比分，但布兰科打入绝杀球，帮助巴西队3：2险胜，晋级半决赛。

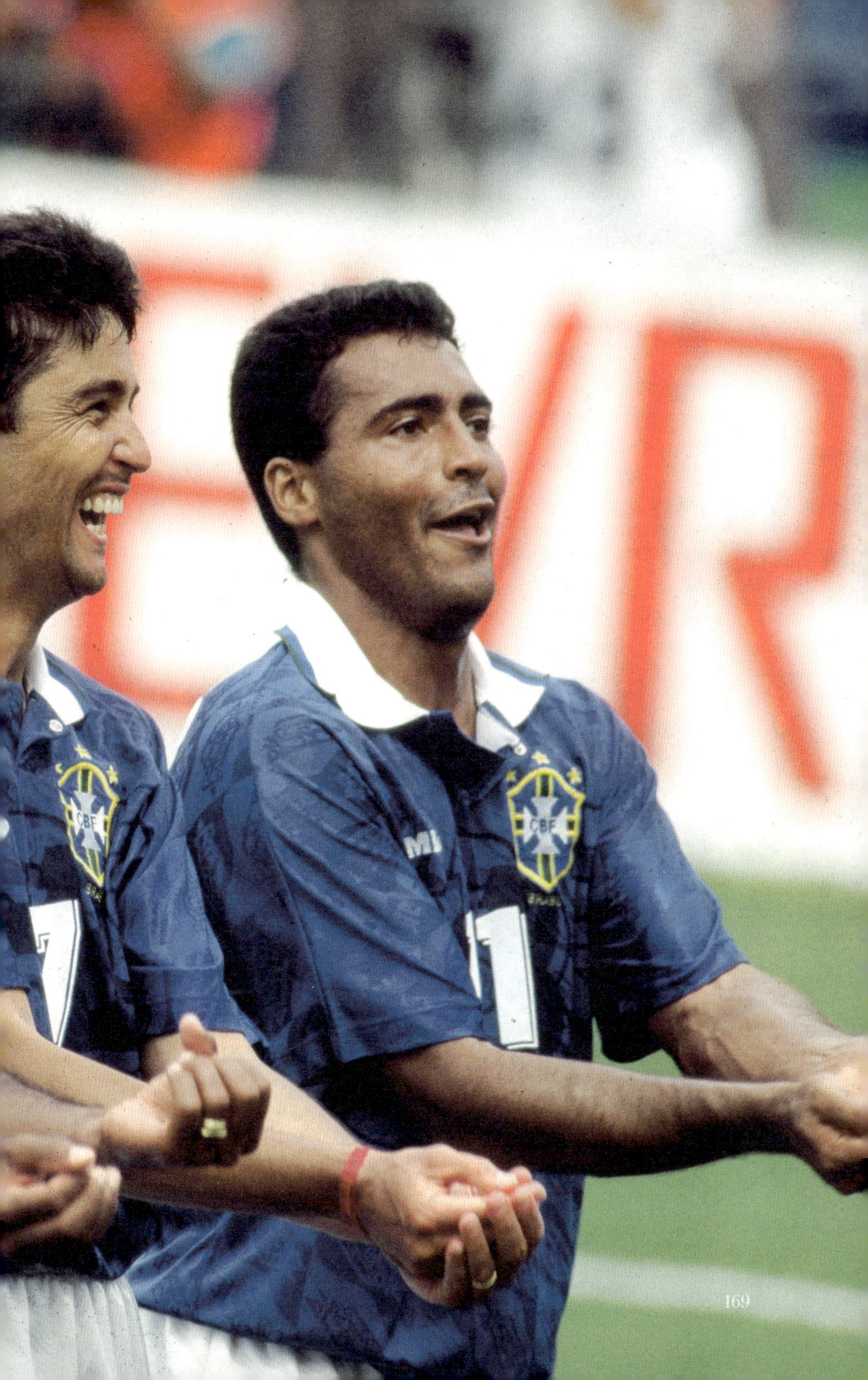
CBF
CBF

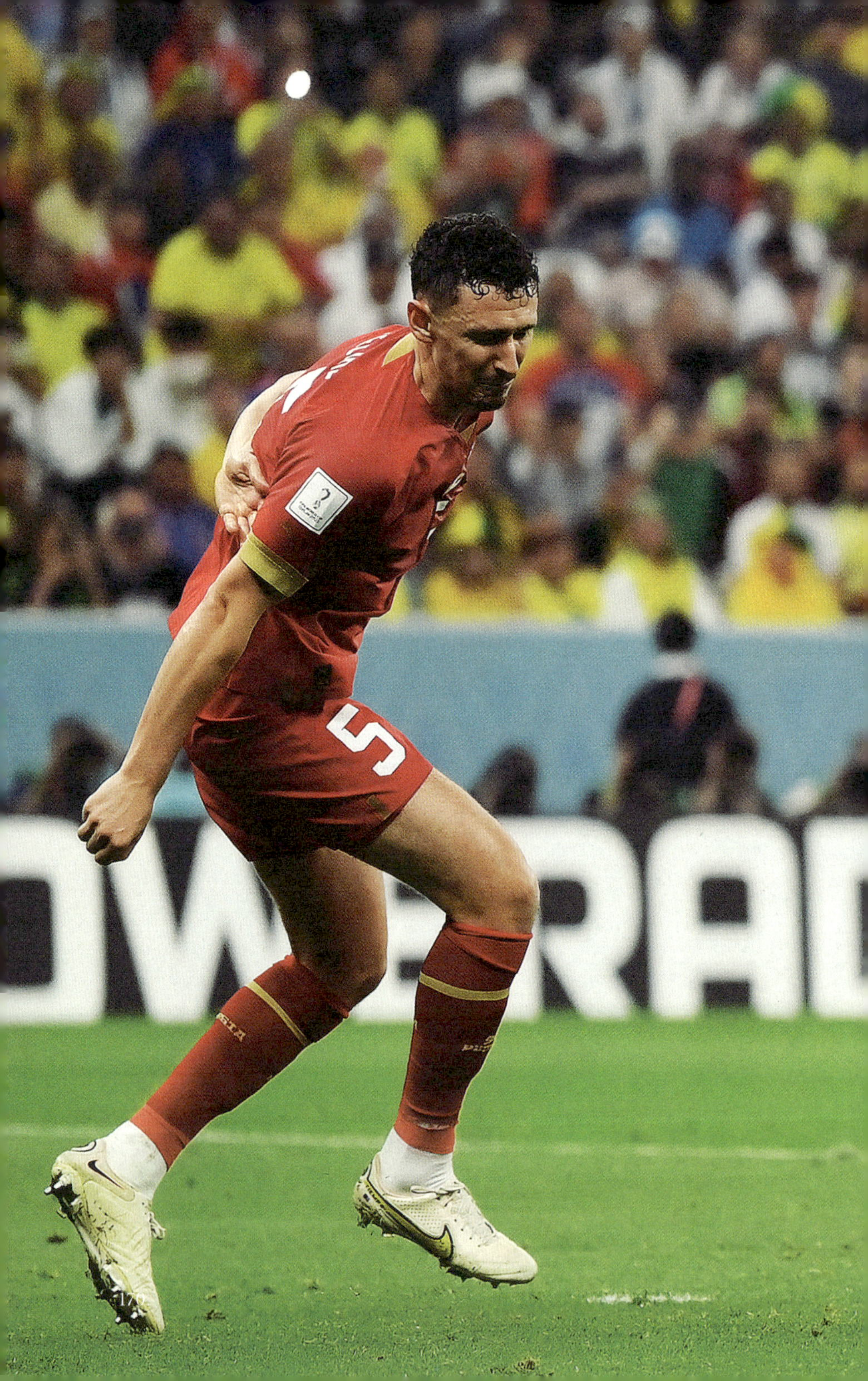
OWERAD

惊天"侧钩"

2022年世界杯小组赛，巴西队对阵塞尔维亚队。第62分钟，里沙利松打破僵局，帮助巴西队取得领先。第73分钟，维尼修斯送上妙传，里沙利松在禁区内奉上一脚惊天的"侧钩"破门，这脚射门的难度极大、质量极高。最终，里沙松独中两元，帮助巴西队2∶0完胜塞尔维亚队。他的这次精彩绝伦的"侧钩"破门，也被评为2022年世界杯的最佳进球。

零度角破门

2010年世界杯小组赛，巴西队对阵朝鲜队，双方在上半场陷入鏖战、互交白卷。直到比赛的第55分钟，巴西队才打破僵局。麦孔在右路高速插上，他在球行将到达底线、几乎没有射门角度的情况下，送上一脚神来之笔的射门，球从朝鲜队门将和朝鲜队球门立柱之间的狭小空隙内飞入球门。凭借麦孔的神奇进球，巴西队取得1∶0的领先。最终巴西队以2∶1击败朝鲜队。

被冤枉的卡卡

2010年世界杯小组赛，巴西队对阵科特迪瓦队。比赛第85分钟，卡卡被裁判出示了第一张黄牌。争议的一幕在3分钟后出现，卡卡一个很小幅度的动作，碰到了科特迪瓦队的卡德尔·凯塔的胸部，后者随即开始夸张地表演，他用双手捂脸痛苦地倒地。卡卡非常委屈地向科特迪瓦队的球员以及当值主裁判解释，他并没有肘击凯塔的胸部。但裁判还是向卡卡出示了第二张黄牌。两黄变一红，卡卡被罚出场，走进球员通道的他满脸都写着委屈和不甘。

"马拉卡纳惨案"

1950年巴西世界杯,实力强大的东道主巴西队,只需要在末轮对阵乌拉圭队的比赛中取得平局,便可以拿到冠军。巴西国内的球迷都认为世界杯冠军不会旁落。双方的决战在马拉卡纳体育场举行,现场涌入的近20万名观众,都在等待巴西队拿下冠军。然而,在先进一球的情况下,巴西队遭遇乌拉圭队的逆转,无缘1950年世界杯冠军。有数名巴西队球迷因承受不了球队丢失冠军的压力而自杀、猝死。

违背物理学的进球

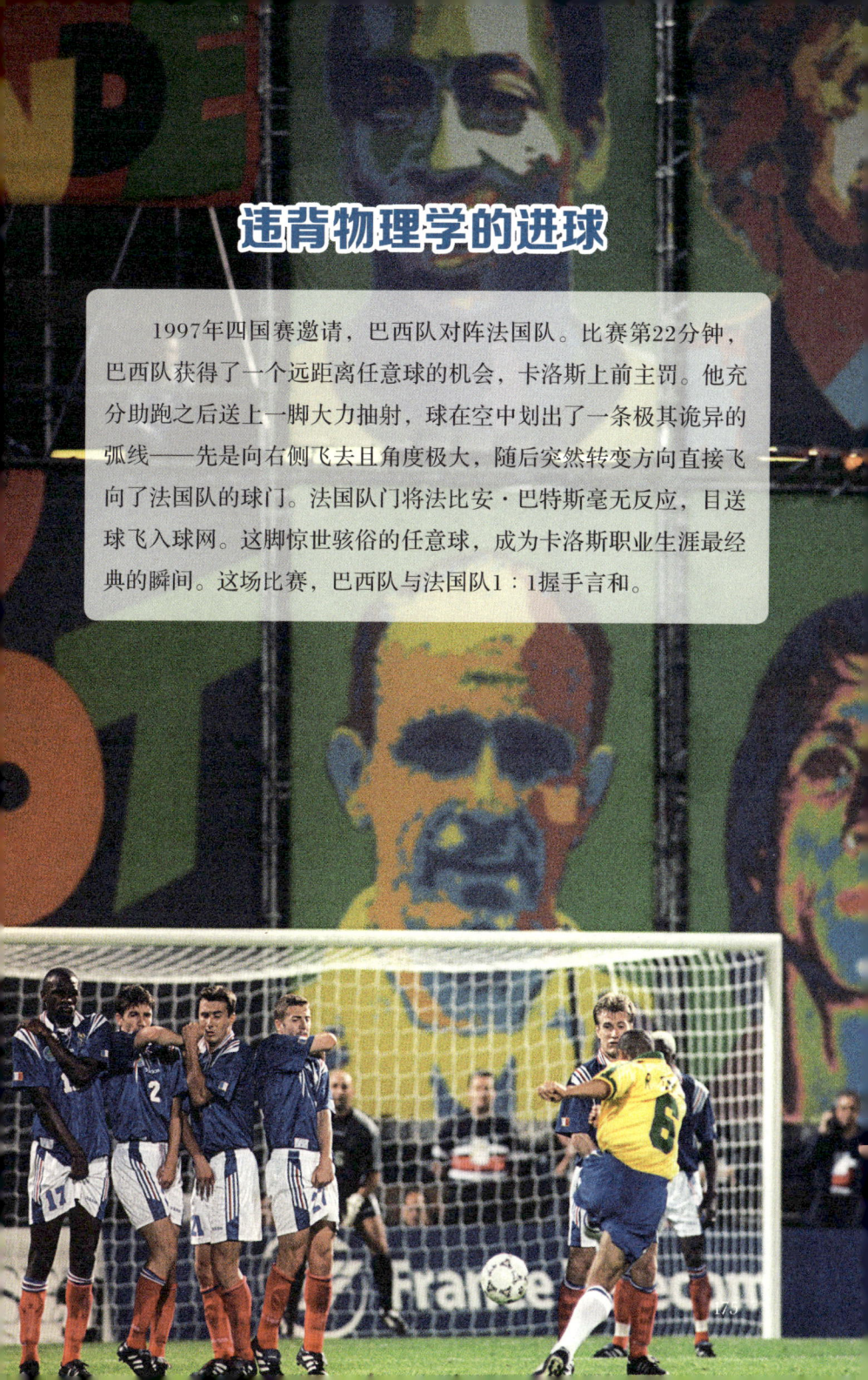

　　1997年四国赛邀请，巴西队对阵法国队。比赛第22分钟，巴西队获得了一个远距离任意球的机会，卡洛斯上前主罚。他充分助跑之后送上一脚大力抽射，球在空中划出了一条极其诡异的弧线——先是向右侧飞去且角度极大，随后突然转变方向直接飞向了法国队的球门。法国队门将法比安·巴特斯毫无反应，目送球飞入球网。这脚惊世骇俗的任意球，成为卡洛斯职业生涯最经典的瞬间。这场比赛，巴西队与法国队1∶1握手言和。

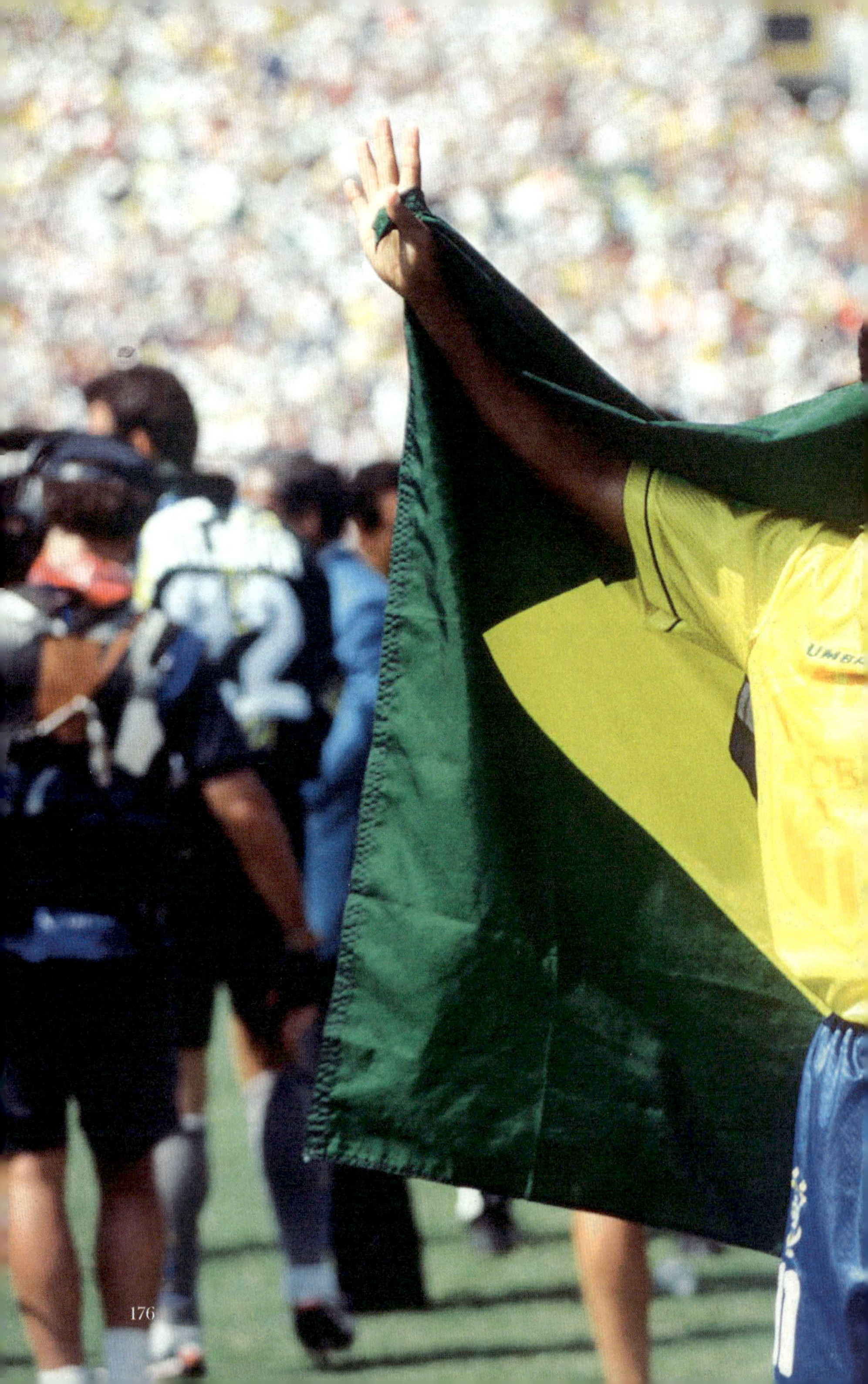
UMBR

星光璀璨

姓名：罗马里奥

出生日期：1966年1月29日

主要球衣号码：19号、11号

国家队数据：71场55球

个人荣誉：1次世界足球先生

"独狼"

　　1994年世界杯，罗马里奥出战7场比赛，全部首发登场并且打满全场。他共打入5球，并在决赛的点球大战中罚中关键点球。凭借完美的发挥，罗马里奥不仅帮助巴西队捧起冠军奖杯，更是加冕当届世界杯的金球奖。当年，他还荣膺世界足球先生。整个1994年，无疑是罗马里奥职业生涯中最为辉煌的一年。他以超强的个人能力，屡屡上演单骑闯关、孤军深入的好戏，因此得到了"独狼"的称号。个性鲜明、实力超群，"独狼"缔造了无比辉煌的职业生涯，他更是在世界足坛历史上镌刻了无数经典瞬间。

姓名：罗伯托·卡洛斯

出生日期：1973年4月10日

主要球衣号码：6号

国家队数据：127场11球

世界第一左后卫

　　强壮的身体，惊人的速度，还有一脚惊世骇俗的任意球，这些特点都集中在了卡洛斯的身上。1997年的四国邀请赛上，卡洛斯用一记弧线诡异的任意球完成破门得分，定格了他职业生涯最为经典的画面。1998年和2002年两届世界杯，卡洛斯都是巴西队在左后卫位置上的绝对主力，他帮助巴西队两次进军决赛，拿到了一次冠军。卡洛斯在左边路掀起的狂风暴雨式的进攻，成为那个时代世界足坛最靓丽的风景线之一。

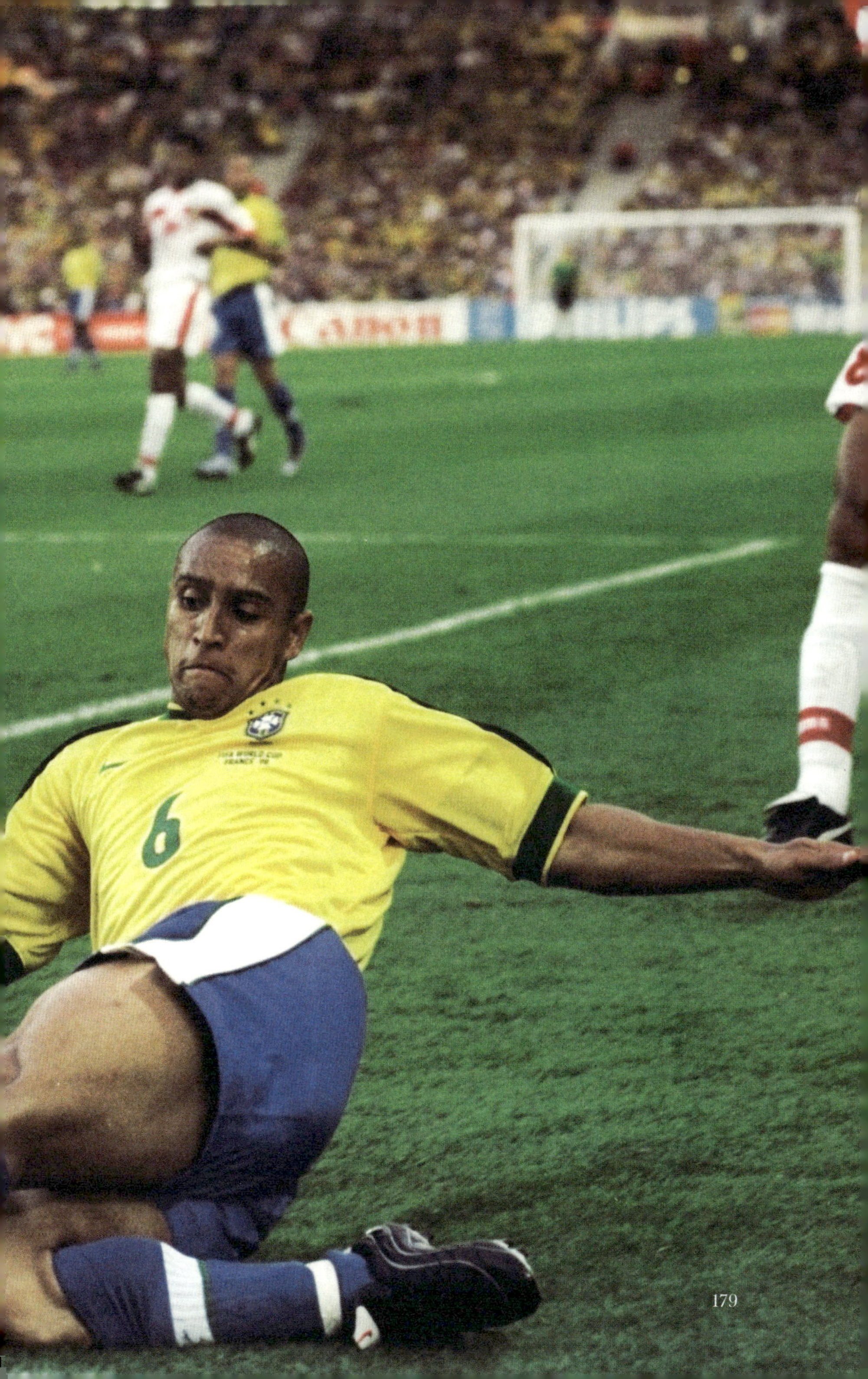

姓名：加林查

出生日期：1933年10月28日

主要球衣号码：11号、7号、16号

国家队数据：50场12球

"小鸟"

　　加林查在葡萄牙语中是一种小鸟的名字，加林查的比赛风格也恰似一只小鸟，轻盈、优美、灵动。1958年世界杯决赛，瓦瓦梅开二度帮助巴西队逆转比分，两次进球的幕后功臣恰恰都是加林查。他在右边路充满想象力的突破，为瓦瓦送上两次助攻。1962年世界杯，巴西队在贝利受伤之后依旧高歌猛进，夺冠功臣仍然是加林查，他在对阵英格兰队和智利队的比赛中都上演了梅开二度的好戏。这位曾经和贝利齐名的球员，在巴西队蝉联世界杯冠军的征程中，留下了不可磨灭的功绩。

181

姓名：苏格拉底

出生日期：1954年2月19日

主要球衣号码：8号、18号

国家队数据：60场22球

足球"博士"

　　苏格拉底不仅和伟大的古希腊思想家同名，更是绿茵场上罕见的高学历球员。他一边踢球一边上学，在20世纪90年代获得了医学博士学位。苏格拉底拥有1.93米的身高，还具备出色的脚下技术，他是天生的指挥官，是巴西足球历史上都罕见的中场调度者。苏格拉底、保罗·罗伯特·法尔考和济科组成的"三叉戟"，缔造了才华横溢的巴西队，但球队未能收获1982年世界杯冠军，被视作巴西足球历史上最大的遗憾之一。巴西队踢出了赏心悦目的进攻，却在决赛中不敌意大利队，留下了令人难忘的落寞背影。

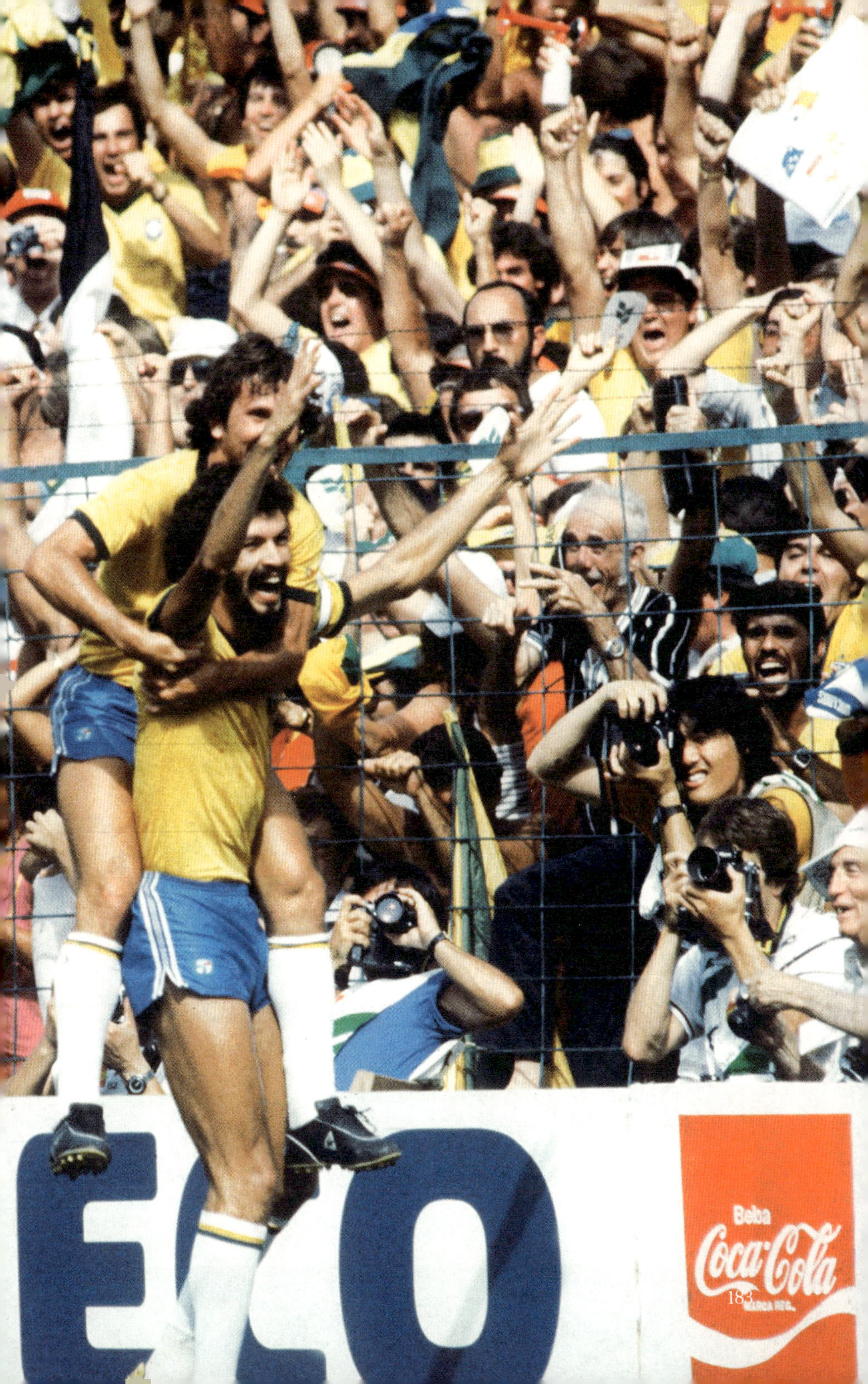
Beba
Coca-Cola
MARCA REG.

姓名：济科

出生日期：1953年3月3日

主要球衣号码：8号、10号

国家队数据：71场48球

"白贝利"

他年少成名，被视作贝利的接班人；他抱憾转身，穷极职业生涯也未能圆世界杯冠军梦。他就是被称作"白贝利"的济科，他拥有全面的能力和令人赏心悦目的比赛风格。处在职业生涯巅峰期的济科，可谓是巴西队绝对的核心和灵魂。他经历了无数风光无限的时刻，也收获了众多的荣耀和辉煌。但1974年世界杯，他无缘巴西队大名单；1978年世界杯，他所在的巴西队仅获得季军；1982年世界杯，他领军的巴西队憾负意大利队被淘汰出局；1986年世界杯，济科罚丢了关键点球。这位传奇球星的世界杯之旅，尽是遗憾。

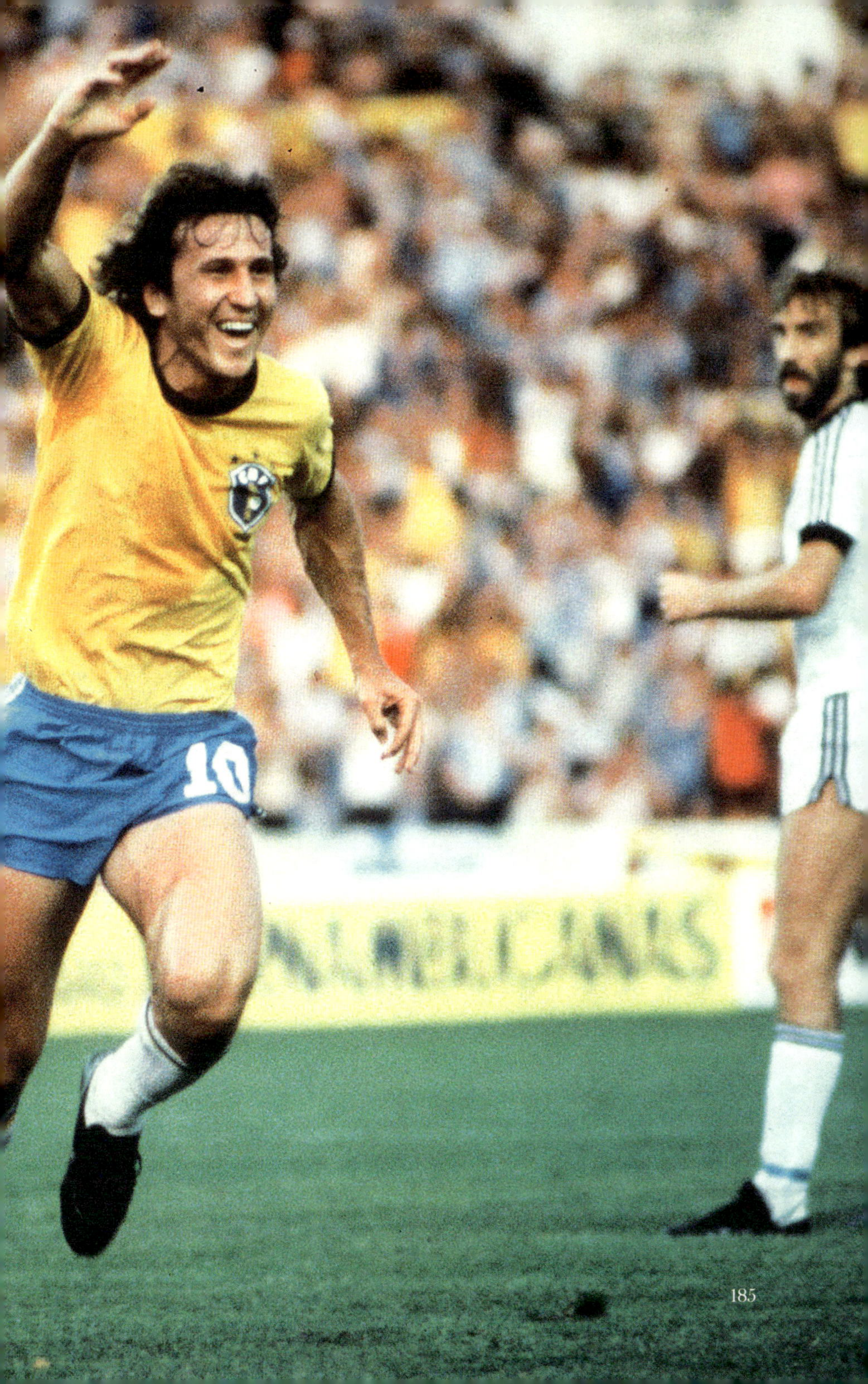

姓名：贝贝托

出生日期：1964年2月16日

主要球衣号码：16号、7号、20号

国家队数据：77场40球

"独狼"的最佳搭档

  1994年世界杯1/4决赛，贝贝托取得进球后跑到场边，与罗马里奥和马济尼奥共同跳起了摇篮舞，他将这个进球献给自己刚刚出生的儿子。这一幕也成为1994年世界杯的经典画面。1994年世界杯，贝贝托与罗马里奥组成的巴西队前锋线被誉为"梦幻组合"，两人相互送出了两次助攻，展现了绝佳的默契。整届世界杯，贝贝托打进3球，帮助巴西队第4次夺得了世界杯冠军。这位走位灵动、门前嗅觉灵敏、射门技术巧妙的前锋，让无数球迷领略到了绿茵场上的"绝美桑巴"。

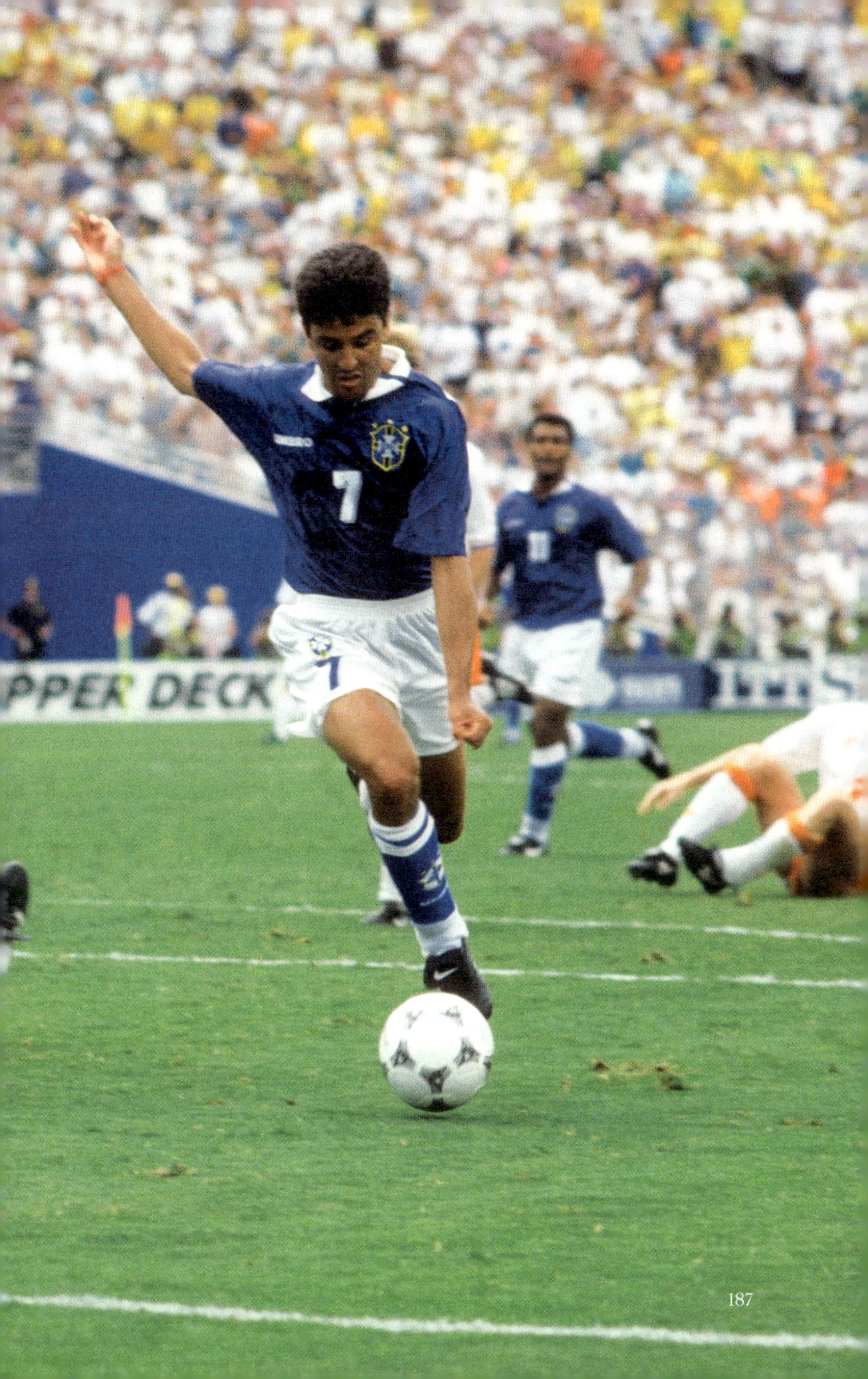
PPER DECK

姓名：卡福

出生日期：1970年6月7日

主要球衣号码：13号、14号、2号

国家队数据：143场5球

冠军队长

　　站上世界杯决赛的赛场，可谓许多球员穷极一生追逐的梦想。卡福不仅完成了这个梦想，更缔造了连续三次出战世界杯决赛的壮举。前无古人，后恐也难有来者。1994年世界杯，他是初出茅庐的稚嫩小将；1998年世界杯，他是梦碎法兰西的巴西队右后卫；2002年世界杯，他则是捧起大力神杯的冠军队长。卡福为巴西队出战143场，冠绝球队历史。在才华横溢、巨星灿若星辰的巴西队历史中，卡福绝对不是最有天赋的，但他凭借极度的勤勉和卓越的领导力，在巴西足球的历史上留下了一抹传奇色彩。

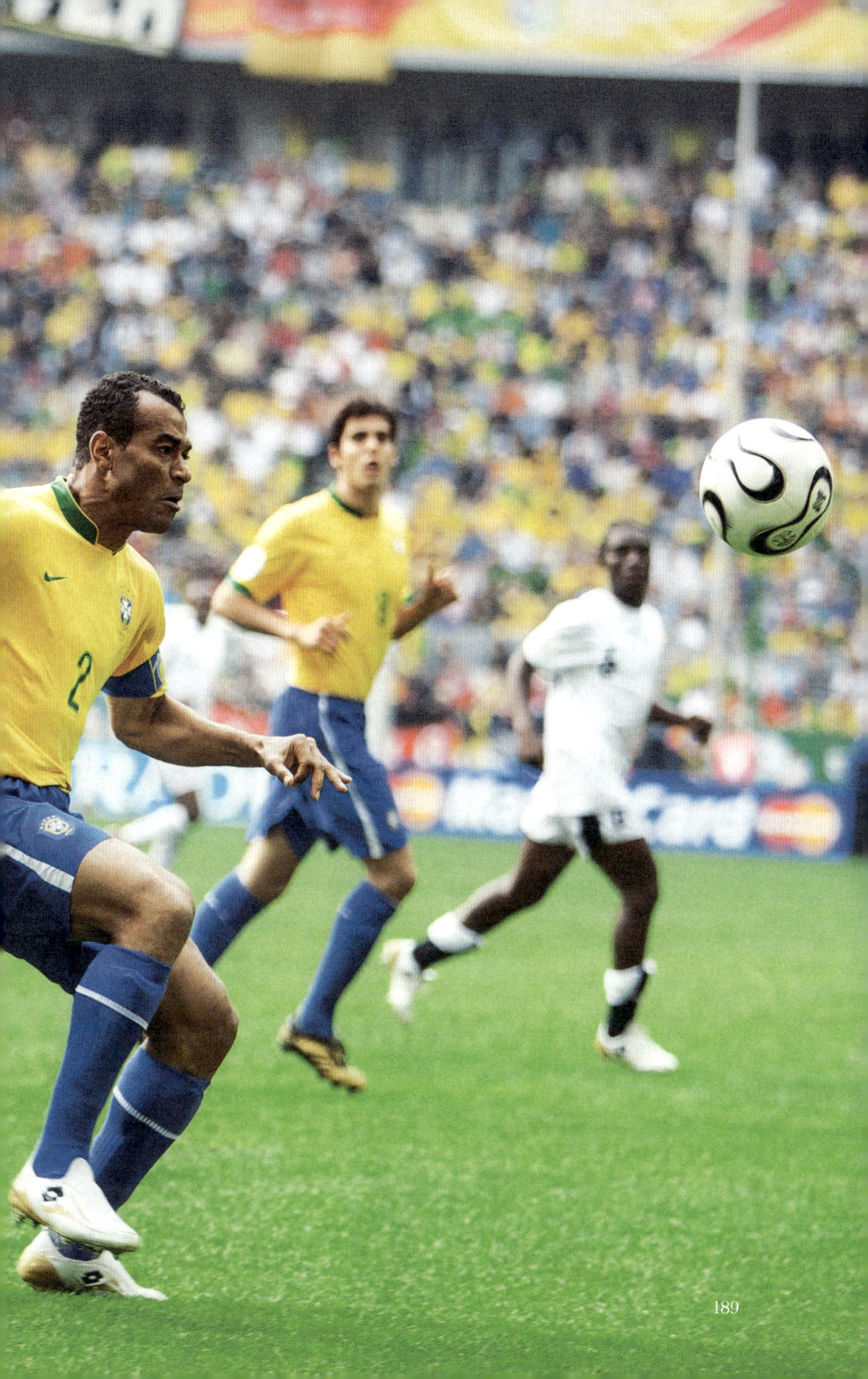

姓名：迪迪

出生日期：1928年10月8日

主要球衣号码：7号、6号、8号

国家队数据：68场20球

"落叶球"鼻祖

他拥有惊艳的任意球能力,被视作"落叶球"的鼻祖;他更具备卓越的创造力,被认为是世界足球历史上最早的中场大师。他叫作瓦德米尔·佩雷拉,他有另外一个响当当的名字——迪迪。1958年世界杯,贝利横空出世,但当时巴西队真正的核心却是迪迪。这位"远古大神"将组织、进球一肩挑,成为巴西队夺冠的重要功臣。1962年世界杯,他帮助巴西队蝉联冠军后急流勇退毅然挂靴,转身留下了一段传奇的生涯。

姓名：瓦瓦

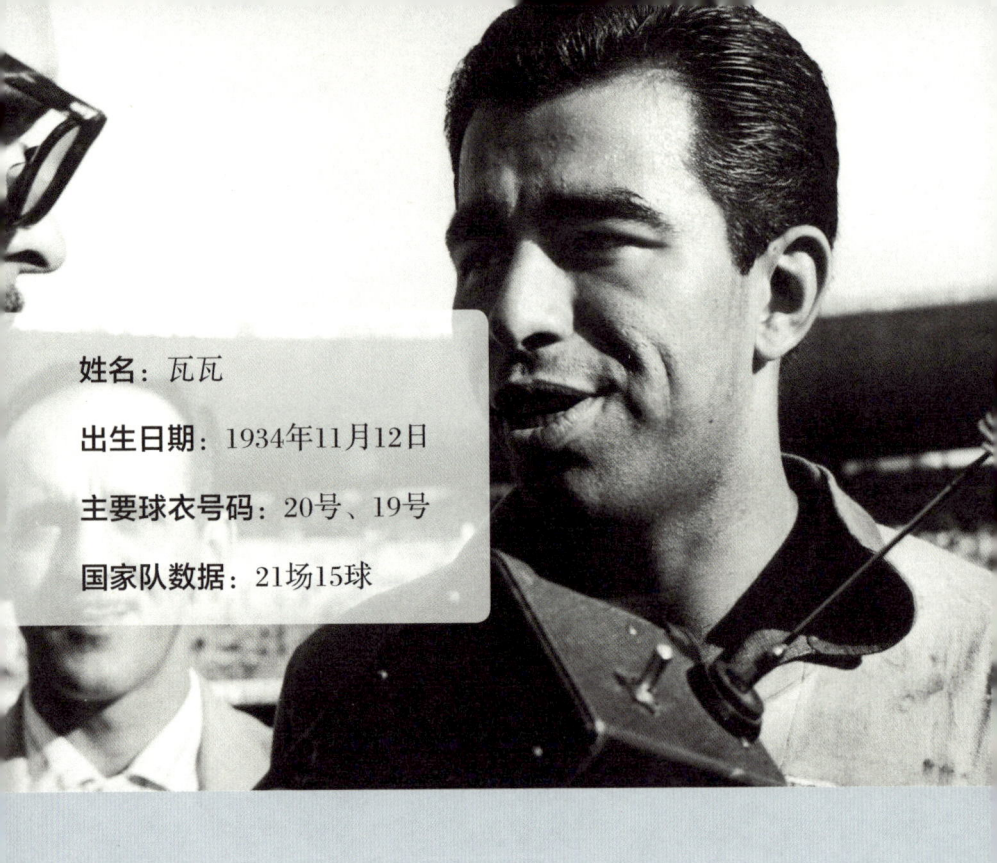

出生日期：1934年11月12日

主要球衣号码：20号、19号

国家队数据：21场15球

"神迹"缔造者

  在世界杯决赛中取得进球，无疑是足球运动员至高无上的荣耀。瓦瓦不仅实现了这份荣耀，更是在连续两届世界杯决赛中都取得进球，缔造"神迹"成为历史第一人。1958年和1962年，巴西队蝉联世界杯冠军，瓦瓦可谓厥功至伟，他两届世界杯共打入9球。不仅如此，1962年世界杯，瓦瓦在半决赛和决赛中屡次雪中送炭，奉上关键进球。瓦瓦在连续两届世界杯决赛都取得进球的"神迹"，直到60年后才被复制——基利安·姆巴佩在2018年和2022年两届世界杯的决赛中均取得进球。

姓名：邓加

出生日期：1963年10月31日

主要球衣号码：16号、17号、4号、5号、8号

国家队数据：91场6球

非典型巴西队长

  无论从比赛风格，还是个人性格，邓加都是非典型巴西球员。他并没有华丽的技术，完全依靠自己强硬的防守立足足球世界。邓加同样也不像传统的巴西球员一样欢乐洒脱，他不苟言笑、认真严谨。然而，这位非典型巴西球员，不仅成为巴西队的队长，更是帮助球队夺得1994年世界杯冠军。罗马里奥和贝贝托站在聚光灯下，他们摧城拔寨、进球无数。幕后英雄邓加同样也是球队夺冠的重要功臣，他凭借极其稳定和强悍的防守，成为巴西队中场不可或缺的核心。

姓名：卡洛斯·阿尔贝托

出生日期：1944年7月17日

主要球衣号码：4号

国家队数据：54场8球

"桑巴"领袖

  说到世界杯中最出色的队伍，征战1970年世界杯的巴西队无疑是一个答案，那支巴西队群雄并起，但队长却不是名气最大的贝利，也不是年轻的雅伊尔齐尼奥，而是阿尔贝托。作为一名边后卫，阿尔贝托身上有着无与伦比的领袖气质。这一点在1970年世界杯上体现得淋漓尽致，他在这届世界杯中表现沉稳，在进攻和防守之间达成了卓越的平衡。攻能收获进球，守能为球队防线提供最让人安心的保护。最终，巴西队成功举起冠军奖杯，这也是对阿尔贝托的最好嘉奖。

姓名：马塞洛

出生日期：1988年5月12日

主要球衣号码：16号、6号、12号

国家队数据：58场6球

卡洛斯接班人

巅峰时期的马塞洛，可谓是世界最好的边后卫之一。他拥有出色的盘带技术和极快的奔跑速度，以攻代守成为对手在边路最大的威胁。马塞洛不仅是在场上攻防俱佳，在场下也是全队的"开心果"。国家队的生涯，马塞洛在边路犹如一道"黄色的闪电"，闪耀着光芒。他的插上助攻让人不禁想起了卡洛斯昔日的表演，他也被视作卡洛斯的接班人。俱乐部层面，他在皇马队取得了巨大的成功，联赛和欧冠赛场都荣誉等身，更是成为克里斯蒂亚诺·罗纳尔多的最佳搭档。

马科斯·罗伯托　　　　罗克·儒尼奥尔

　　　罗伯托·卡洛斯　　　埃德米尔森·马蒂亚斯

卢西奥
　　　卡福　　吉尔伯托·席尔瓦

罗纳尔迪尼奥　　儒尼尼奥·保利斯塔　　　克莱伯森

里瓦尔多　　罗纳尔多　　德尼尔森　　塔法雷尔

　　　　　　　马西奥·桑托斯
伊布莱姆·布兰科　　　　　　　阿尔代尔

　　　若日尼奥　　维奥拉　　邓加　　罗马里奥

毛罗·席尔瓦　　马济尼奥　　贝贝托

　　　　　　　　　　　　　　　布里托
　菲利克斯　　埃瓦尔多　　皮亚萨

　　　　　　　　　　罗伯托·里维利诺
卡洛斯·阿尔贝托　　　　　　　　热尔松

科洛多阿多　　雅伊尔齐尼奥　　贝利

　　　　　　　　　吉尔马尔
爱德华多·托斯唐　　　　　尼尔顿·桑托斯

　　　　　　佐齐莫　　德贾尔马·桑托斯

马里奥·扎加洛　　　　　　加林查

　　　　　　齐托

　　　迪迪　　　　塔瓦雷斯·阿马里尔多

瓦瓦　　奥兰多·佩坎尼亚

　　　　　　　　路易斯·贝里尼

莱昂尼达斯·达席尔瓦

　　　　　　内马尔　　济科

奥斯卡　迪达　　保利尼奥　　罗比尼奥

　　维尼修斯·儒尼奥尔　　达尼·阿尔维斯

　　　　　　　　　　　　　　马塞洛

阿利松·贝克尔　　埃德森　　卡卡

　　　　　　　　　若昂·米兰达　路易斯·法比亚诺

达尼洛

　　　　　保罗·罗伯特·法尔考

里沙利松

　　　　　加布里埃尔·热苏斯　罗伯托·菲尔米诺

阿德里亚诺　费尔南迪尼奥　　阿图尔

道格拉斯·科斯塔　　卡塞米罗　　雷纳托·奥古斯托

　　　　　　　　　马尔基尼奥斯

菲利佩·库蒂尼奥　　　佩德罗·杰罗梅尔

　　　　阿莱士·桑德罗

最佳阵容

主力阵容（"442"阵形）

门将：塔法雷尔

后卫：罗伯托·卡洛斯、卢西奥、阿尔代尔、卡福

中场：罗纳尔迪尼奥、加林查、济科、雅伊尔齐尼奥

前锋：贝利、罗纳尔多

替补阵容（"442"阵形）

门将：吉尔马尔

后卫：尼尔顿·桑托斯、蒂亚戈·席尔瓦、路易斯·佩雷拉、卡洛斯·阿尔贝托

中场：罗伯托·里维利诺、邓加、迪迪、内马尔

前锋：罗马里奥、莱昂尼达斯·达席尔瓦

注：以上阵容通过多方数据参考得出，具有主观性，仅供阅读。

历任主帅及战绩

姓名	国家/地区	上任时间	离任时间	执教总场数	执教胜场数	执教平局场数	执教负场数
多里瓦尔·儒尼奥尔	巴西	2024年1月8日	-	2	1	1	0
蒂特	巴西	2016年6月16日	2022年12月31日	81	61	13	7
邓加	巴西	2014年7月21日	2016年6月14日	26	18	4	4
路易斯·费利佩·斯科拉里	巴西	2012年11月28日	2014年7月14日	29	20	5	4
曼诺·梅内塞斯	巴西	2010年7月26日	2012年11月23日	33	21	5	7
邓加	巴西	2006年7月24日	2010年7月2日	59	42	11	6
卡洛斯·佩雷拉	巴西	2003年1月8日	2006年7月20日	53	31	15	7
路易斯·费利佩·斯科拉里	巴西	2001年6月11日	2002年8月9日	24	18	1	5
埃莫森·莱奥	巴西	2000年10月16日	2001年6月12日	10	3	4	3
万德雷·卢森博格	巴西	1998年8月11日	2000年9月30日	34	22	7	5
马里奥·扎加洛	巴西	1994年8月10日	1998年8月1日	72	55	10	7
卡洛斯·佩雷拉	巴西	1992年1月1日	1994年7月31日	43	26	11	6
保罗·罗伯特·法尔考	巴西	1990年7月1日	1991年6月30日	16	6	7	3
塞巴斯蒂奥·拉扎罗尼	巴西	1989年1月1日	1990年6月30日	30	19	6	5
卡洛斯·席尔瓦	巴西	1987年7月1日	1988年12月31日	11	6	4	1
特莱·桑塔纳	巴西	1986年7月1日	1987年6月30日	27	9	9	9
卡洛斯·佩雷拉	巴西	1983年7月1日	1984年6月30日	9	2	5	2
和埃杜·科英布拉	巴西	1983年1月1日	1983年6月30日	3	1	1	1
特莱·桑塔纳	巴西	1980年7月1日	1982年12月31日	30	23	5	2
克劳迪奥·考丁霍	巴西	1979年11月1日	1980年6月30日	4	2	2	9
克劳迪奥·考丁霍	巴西	1977年2月27日	1979年10月31日	26	15	8	3
奥斯瓦尔多·布兰达奥	巴西	1975年7月1日	1977年6月30日	12	10	2	9
马里奥·扎加洛	巴西	1970年3月22日	1974年7月8日	50	32	14	4
埃莫雷·莫雷拉	巴西	1967年7月1日	1968年6月30日	8	5	1	2
文森特·菲奥拉	巴西	1964年7月1日	1966年6月30日	23	15	6	2
埃莫雷·莫雷拉	巴西	1961年7月1日	1964年6月30日	30	18	4	8
奥斯瓦尔多·罗拉	巴西	1959年7月1日	1960年6月30日	6	3	1	2
维森特·费奥拉	巴西	1958年7月1日	1959年6月30日	16	13	2	1
弗拉维奥·科斯塔	巴西	1956年4月1日	1956年8月8日	14	8	3	3
泰特	巴西	1956年2月25日	1956年3月20日	5	4	1	9
奥斯瓦尔多·布兰达奥	巴西	1955年7月1日	1956年2月23日	6	2	3	1
维森特·费奥拉	巴西	1954年7月1日	1955年6月30日	1	1	0	0
泽泽·莫雷拉	巴西	1952年1月1日	1952年4月30日	5	4	1	0
弗拉维奥·科斯塔	巴西	1944年5月14日	1950年7月16日	41	27	6	8
平达罗·德卡瓦略·罗德里格斯	巴西	1929年7月1日	1931年6月30日		4	9	1
拉蒙·普拉特罗	乌拉圭	1925年11月1日	1925年12月31日	4	2	1	1

历届大赛成绩

时间	赛事名称	举办地	最终排名	备注
美洲杯	1916年	阿根廷	季军	
美洲杯	1917年	乌拉圭	季军	
美洲杯	1919年	巴西	冠军	
美洲杯	1920年	智利	季军	
美洲杯	1921年	阿根廷	亚军	
美洲杯	1922年	巴西	冠军	
美洲杯	1923年	乌拉圭	第4名	
美洲杯	1924年	乌拉圭	–	弃权
美洲杯	1925年	阿根廷	亚军	
美洲杯	1926年	智利	–	弃权
美洲杯	1927年	秘鲁	–	弃权
美洲杯	1929年	阿根廷	–	弃权
世界杯	1930年	乌拉圭	第6名	小组赛出局
世界杯	1934年	意大利	第14名	第二阶段小组赛出局
美洲杯	1935年	秘鲁	–	弃权
美洲杯	1937年	阿根廷	亚军	
世界杯	1938年	法国	季军	
美洲杯	1939年	秘鲁	–	弃权
美洲杯	1941年	智利	–	弃权
美洲杯	1942年	乌拉圭	季军	
美洲杯	1945年	智利	亚军	
美洲杯	1946年	阿根廷	亚军	
美洲杯	1947年	厄瓜多尔	–	弃权
美洲杯	1949年	巴西	冠军	
世界杯	1950年	巴西	亚军	
美洲杯	1953年	秘鲁	亚军	
世界杯	1954年	瑞士	第5名	1/4决赛出局
美洲杯	1955年	智利	–	弃权
美洲杯	1956年	乌拉圭	第4名	
美洲杯	1957年	秘鲁	亚军	
世界杯	1958年	瑞典	冠军	
美洲杯	1959年	阿根廷	亚军	
美洲杯	1959年	厄瓜多尔	季军	
世界杯	1962年	智利	冠军	
美洲杯	1963年	玻利维亚	第4名	
世界杯	1966年	英格兰	第11名	小组赛出局
美洲杯	1967年	乌拉圭	–	弃权
世界杯	1970年	墨西哥	冠军	

续表

时间	赛事名称	举办地	最终排名	备注
世界杯	1974年	联邦德国	第4名	
美洲杯	1975年	无主办国巡回赛	季军	
世界杯	1978年	阿根廷	季军	
美洲杯	1979年	无主办国巡回赛	季军	
世界杯	1982年	西班牙	第5名	第二阶段小组赛出局
美洲杯	1983年	无主办国巡回赛	亚军	
世界杯	1986年	墨西哥	第5名	1/4决赛出局
美洲杯	1987年	阿根廷	第5名	小组赛出局
美洲杯	1989年	巴西	冠军	
世界杯	1990年	意大利	第9名	1/8决赛出局
美洲杯	1991年	智利	亚军	
美洲杯	1993年	厄瓜多尔	第5名	1/4决赛出局
世界杯	1994年	美国	冠军	
美洲杯	1995年	乌拉圭	亚军	
联合会杯	1997年	沙特阿拉伯	冠军	
美洲杯	1997年	玻利维亚	冠军	
世界杯	1998年	法国	亚军	
联合会杯	1999年	墨西哥	亚军	
美洲杯	1999年	巴拉圭	冠军	
联合会杯	2001年	韩国&日本	第4名	
美洲杯	2001年	哥伦比亚	第6名	1/4决赛出局
世界杯	2002年	韩国&日本	冠军	
美洲杯	2004年	秘鲁	冠军	
联合会杯	2005年	德国	冠军	
世界杯	2006年	德国	第5名	1/4决赛出局
美洲杯	2007年	委内瑞拉	冠军	
联合会杯	2009年	南非	冠军	
世界杯	2010年	南非	第6名	1/4决赛出局
美洲杯	2011年	阿根廷	第8名	1/4决赛出局
联合会杯	2013年	巴西	冠军	
世界杯	2014年	巴西	第4名	
美洲杯	2015年	智利	第5名	1/4决赛出局
美洲杯	2016年	美国	第9名	小组赛出局
世界杯	2018年	俄罗斯	第6名	1/4决赛出局
美洲杯	2019年	巴西	冠军	
美洲杯	2021年	巴西	亚军	
世界杯	2022年	卡塔尔	第7名	1/4决赛出局

历史出场榜

排名	姓名	出场数
1	卡福	143
2	内马尔*	128*
3	罗伯托·卡洛斯	127
4	达尼·阿尔维斯	126
5	蒂亚戈·席尔瓦*	113
6	卢西奥	105
7	克劳迪奥·塔法雷尔	102
8	罗比尼奥	100
9	罗纳尔多	99
10	德贾尔马·桑托斯	98
11	罗纳尔迪尼奥	97
12	吉尔伯托·席尔瓦	93
12	吉尔马尔	93
12	迪达	93
15	贝利	92
15	卡卡	92
15	罗伯托·里维利诺	92
18	邓加	91
19	儒利奥·塞萨尔	87
20	马尔基尼奥斯*	84

注：标注*的为现役球员，本榜单仅取前20名。

历史进球榜

排名	姓名	进球数
1	内马尔*	79
2	贝利	77
3	罗纳尔多	62
4	罗马里奥	55
5	济科	48
6	贝贝托	40
7	里瓦尔多	35
7	雅伊尔齐尼奥	35
9	罗纳尔迪尼奥	33
10	阿德米尔	32
10	托斯唐	32
12	济济尼奥	30
13	卡雷卡	29
13	卡卡	29
15	路易斯·法比亚诺	28
15	罗比尼奥	28
17	阿德里亚诺	27
18	罗伯托·里维利诺	26
19	贾伊尔	22
19	苏格拉底	22

注：1.标注*的为现役球员，本榜单仅取前20名。
2.本书所有数据截至2024年4月30日。

图书在版编目（CIP）数据

巴西队 / 流年编著 . -- 北京 : 北京时代华文书局 ,2024.5
ISBN 978-7-5699-5466-1

Ⅰ．①巴… Ⅱ．①流… Ⅲ．①足球运动－体育运动史－巴西 Ⅳ．① G843.977.7

中国国家版本馆 CIP 数据核字 (2024) 第 075883 号

BAXIDUI

出 版 人：	陈　涛
选题策划：	董振伟　直笔体育
责任编辑：	马彰羚
执行编辑：	孙沛源
装帧设计：	严　一　弓伟龙
责任印制：	訾　敬

出版发行： 北京时代华文书局 http://www.bjsdsj.com.cn
　　　　　北京市东城区安定门外大街 138 号皇城国际大厦 A 座 8 层
　　　　　邮编：100011　电话：010-64263661　64261528

印　　刷：	河北京平诚乾印刷有限公司		
开　　本：	880 mm×1230 mm　1/32	成品尺寸：	145 mm×210 mm
印　　张：	6.5	字　　数：	127 千字
版　　次：	2024 年 5 月第 1 版	印　　次：	2024 年 5 月第 1 次印刷
定　　价：	68.00 元		

本书图片由视觉中国提供。
版权所有，侵权必究
本书如有印刷、装订等质量问题，本社负责调换，电话：010-64267955。